www.tredition.de

Marco Reiferth

Selbstheilung als Schlüssel zum Lebensglück

Krankheiten, Medizin und Pharmaindustrie verstehen lernen

www.tredition.de

© 2018 Marco Reiferth

Verlag und Druck: tredition GmbH, Hamburg

ISBN
Paperback: 978-3-7469-3611-6
Hardcover: 978-3-7469-3612-3

Dieses Buch soll dir Mut machen, den eigenen Befindlichkeiten mehr und mehr auf die Schliche zu kommen. Dabei spielen unsere Emotionen eine große Rolle.

Ein Bauchgefühl, das Du nicht ignorieren solltest:

"ICH FÜHLE MICH NICHT GUT"

Wenn sich etwas in deinem Körper nicht richtig anfühlt, solltest Du auf dieses Gefühl hören, bevor es noch schlimmer wird.

Viele Menschen ignorieren die subtilen Zeichen ihres Körpers und am Ende müssen sie mit einem viel größeren Problem umgehen, als es ursprünglich war. Dein Körper weiß instinktiv, wenn etwas aus dem "inneren Gleichgewicht" gefallen ist und die anfänglichen Anzeichen rechtfertigen deine Anerkennung und Untersuchungen weiter, um herauszufinden, was dir dein Körper sagen will.

Zögere nicht, wenn deine innere Stimme beginnt zu schreien um Maßnahmen zu ergreifen - der menschliche Körper kommuniziert dabei über unsere Empfindungen.

Zu den Empfindungen gehören Unruhe, Schwere, Enge, Druck, Spannung, Leere, Brennen, Kälte, Schwindel, Steifheit und natürlich jede Art von Schmerz.

Der menschliche Körper ist ein komplexer und sensibler Organismus, der auf sämtliche Einflüsse stark reagiert.

Dabei reichen schon kleinere negative Einflüsse aus, die unsere Organe, Zellen, körpereigene Biochemie (pH-Wert), ja selbst unsere DNA entsprechend aus dem Gleichgewicht bringen können.

Die Grundlage für mein innovatives Selbstheilungs-Konzept ist dabei die Aussage von Konfuzius: "Gib einem Mann einen Fisch und du ernährst ihn für einen Tag. Lehre ihn zu fischen und du ernährst ihn für sein Leben."

Dieses Arbeitsbuch ist eine Hilfe zur Selbsthilfe, effektiv in allen Gesundheitsfragen.

In meiner Rolle als Selbstheilungs- und Software-Experte des menschlichen Körpers möchte ich dich hier unterstützen. Das heißt ich erforsche mit dir zusammen: was hat dich krank gemacht und warum? Was hast Du irgendwann mal gelernt und fühlst dabei?

Glücklich in einem gesunden Körper – ein Leben lang

Dieses Praxisbuch erläutert genau, wie unsere Psyche zu verstehen ist und warum Gesundheit so einfach sein kann.

Auf der Basis neuester wissenschaftlicher und medizinischer Studien aktiviere ich gezielt deine Selbstheilungskräfte. Dies unterstützt jede andere Therapieform enorm, um seinen Körper zu heilen oder gesund zu erhalten.

Inhalt

Vorwort

In der heutigen Welt lassen wir Menschen uns viel zu schnell die verschiedensten Medikamente mit Nebenwirkungen, chemische Nahrungsergänzungsmittel oder unnötige Operationen verabreichen, um einen Heilungseffekt zu erzielen.

Ärzte behandeln meist nur die Symptome einer Krankheit

Dr. med. Michael Spitzbart der die erste Praxis Deutschlands nur für Gesunde leitet, sagt: "90 Prozent unserer Krankheiten werden rein symptomatisch behandelt, seltenst ursächlich.

Die meisten Therapien sind nichts als ein Armutszeugnis der heutigen Medizin. Insbesondere wenn Ihnen der Arzt Cortison verschreibt will er meist nichts anderes damit sagen als: „Ich weiß auch nicht was Sie haben…"

Medikamente sollen uns ein langes und gesundes Leben bescheren

Doch die Pharmaindustrie bringt mehr Menschen um als die Mafia, sagt der dänische Mediziner Peter C. Gøtzsche - und fordert für die Branche eine Revolution.

Der Däne hat selbst für Arzneimittelhersteller gearbeitet und dann die Seiten gewechselt. Für ihn ist das ganze System mit seiner Art, wie Medikamente produziert, vermarktet und überwacht werden, gescheitert. "Es werden viele Mittel auf den Markt gebracht, obwohl sie schädlich und für viele Patienten sogar tödlich waren", sagt der Mediziner.

Das Gesundheitssystem arbeitet hauptsächlich mit der Angst der Patienten

Beispiel:

Zeckenimpfung (FSME)

Jedes Jahr, vor allem zur Sommerszeit, wird sie von der Pharmaindustrie ständig propagiert: die Zecken-Impfung.

In den Städten sieht man an fast jeder Ecke diese riesigen, bunten Werbeplakate mit spielenden Kindern abgebildet, die die Botschaft "impfen Sie als verantwortungsvolle Eltern Ihre Kinder vor den bösen, blutsaugenden Invasoren, die jetzt sogar in die Stadt kommen", übermitteln sollen. Es ist unglaublich mit welchen Lügen wir hier überschwemmt werden. Die Wirkung der Zeckenimpfung ist weder von der Pharmaindustrie, noch von unseren Wissenschaftlern jemals nachgewiesen worden.

Prof. Dr. med. H. Glossman aus Innsbruck, Österreich rät dazu, von der Zeckenimpfung Abstand zu nehmen. "Gerade in Österreich werden Massenimpfungen durchgeführt, da eine echte Hysterie gegen Zecken ausgelöst wurde. Warum? Der Hersteller und der Gutachter des Impfstoffes sind ein und derselbe – die Firma Immuno. Studien der Pharmabranche taugen hier lediglich als Werbung für die Medikamente."

Fast niemand kennt die Wahrheit über diese Zeckenimpfung. Schenken wir den Schulmedizinern Glaube... und mehr als ein Glaube ist es nicht was die Wirksamkeit von Impfungen betrifft, so schützt die Zecken-Impfung nur gegen die sehr seltene Hirnhautentzündung nicht aber gegen die weitaus häufigere Borreliose.
Dies bestätigt auch Dr. Gerhard Buchwald.

Beispiel: Grippeimpfung

Eine Ärztin warnt:
Grippe zu bekommen ist sicherer als die Grippeschutzimpfung

In einem Interview, teilte die Schulmedizinerin Dr. Suzanne Humphries, Expertin für Impfstoffe, ihre Erfahrungen über Grippeimpfungen und erklärte, wie die unerwünschten Ereignisse, die sie in Verbindung mit ihrer Anwendung beobachtete, dazu führten, die Natur von Impfstoffen genauer zu untersuchen.

In diesem Prozess entdeckte sie, dass Grippeimpfungen wirklich nicht funktionieren.

Die Impfstoff-induzierte Schädigung des Immunsystems ist es, die seine Fähigkeit zur natürlichen Abwehr von Krankheiten außer Kraft setzt.

Die Ärztin konfrontiert uns mit der beängstigenden Tatsache, dass die Impfstoffe möglicherweise viele neue Krankheiten erschaffen, die wir bisher noch kaum verstehen, die aber für unsere Kinder und künftigen Generationen noch ungeahnt schwere Folgen haben könnten.

In ihrem gründlich recherchierten Buch "Die Impf-Illusion" zeigt Dr. Suzanne Humphries die tatsächlichen Ursachen der Krankheiten und den Zusammenhang zwischen Lebensbedingungen, Ernährung und Gesundheit auf. Jeder Impfstoff, jedes Medikament hat Nebenwirkungen für die man wiederum Medikamente benötigt

Volkskrankheit Schilddrüse?

Schilddrüse zählt zu den am häufigsten gegoogelten Medizinbegriffen in Deutschland.

Wenn uns eine Schilddrüsenunter- oder Überfunktion diagnostiziert wird, ist die einzige verfügbare Option laut den Ärzten, Medikamente – doch haben diese Medikamente schlimme Nebenwirkungen, wie Herzklopfen, Nervosität, Schlaflosigkeit, Zittern, häufigen Stuhlgang, Unwohlsein bei warmem Wetter und Osteoporose (Knochenabbau, als Resultat von hochdosierten Medikationen über einen längeren Zeitraum).

Oft falsche Frühdiagnose

"Die Zahl der Betroffenen hat sich in den letzten Jahren nicht erhöht, sagt Professorin Dagmar Führer, von der Universität Essen, doch heute untersuchen Ärzte den Hals öfter per Ultraschall, obwohl es dazu keinen Anlass gibt." Und entdecken dabei entsprechend oft Knoten.

Aus Angst vor einer möglichen Krebserkrankung und auf Anraten ihres Arztes lassen viele Patienten ihre Knoten entfernen.
"Das gehört abgeschafft, sagt Schilddrüsenexpertin Dagmar Führer. In über 90 Prozent der Fälle ist ein Knoten gutartig und muss nicht operiert werden."

Die meisten Ärzte sind angehalten keine Aufklärungsarbeit zu leisten - zugunsten der profitgierigen Pharmaindustrie!

Das Geschäft mit den Patienten

Geld regiert die Welt - leider auch in der Medizin. Die Pharmaindustrie verdient Milliarden durch das Schüren von Ängsten - alle Prophylaxen Präventivmaßnahmen oder Frühdiagnosen egal ob beim Zahnarzt oder einem anderen Arzt arbeiten mit der Angst der Patienten und allen möglichen Risiken.

Nicht alles muss operiert werden - und nicht jede "Fehlfunktion" erfordert eine Therapie

Hut ab vor allen Ärzten, denen das Wohl der Menschen tatsächlich noch etwas bedeutet, die den „Hippokratischen Eid" nicht nur an die Praxiswand hängen, sondern auch so weit wie möglich danach leben und Aufklärung betreiben. Danke an dieser Stelle an meinen Zahnarzt.

Karies ist heilbar

Eine seltsame Gefahr nistet im Mund, lauernd und unsichtbar: Bakterielle Säureattacken auf die Zähne lösen das im Schmelz enthaltene Kalzium, der Zahn wird in seine Bausteine Kalzium und Phosphat zerlegt und damit „demineralisiert". So entsteht das Loch im Zahn.

Wer jetzt zum Zahnarzt geht, legt den Grundstein für eine lebenslange Patientenkarriere. Die moderne Zahnmedizin hält uns nämlich in ihrem System gefangen und verschleiert den größten Skandal der bohrenden Zunft: Karies ist heilbar. Wenn Bakterien den Zahn langsam zerstören, dann kann Karies durch eine Wiedereinlagerung von Mineralien ganz ohne Bohrer gestoppt und geheilt werden.

Anstatt dagegen anzukämpfen, ist Karies von uns allen vollkommen akzeptiert. Fast jeder hat es, jeder kennt es und der Termin beim Zahnarzt gehört für die meisten zum normalen Alltag wie ein Friseurbesuch. Nur um einiges teurer.

Wie oft haben Patienten stattdessen schon gehört, dass Karies nicht heilbar ist? Auf Tausenden von Internetseiten steht es, als wäre es der Weisheit letzter Schluss.

Die Wahrheit ist aber: Der Körper kann den Prozess „Karies" stilllegen, wenn die Krankheitsursache zeitweise oder dauernd beseitigt wird. Obwohl die Zahnärzte diese Selbstheilung kennen, zerstören sie mit einem hochrotierenden Bohrer die Gesundheit. Der Patient wird dadurch zum „Pflegefall". Termin für Termin flickt der Zahnarzt dann nur noch die Reparatur der Reparatur. Damit behandeln sie ihre Patienten krank, ganz nach der Devise: Je schlechter die „Zahnheilkunde", desto besser verdient der Zahnarzt.

Die Zähne sind eine Art Frühwarnsystem unseres Köpers

Ein kariöser Zahn ist schnell und unkompliziert gefüllt. Doch leider handelt es sich hier um eine rein symptomorientierte Lösung. Das Loch im Zahn ist vielleicht die Ursache vom Schmerz im betreffenden Zahn. Die Ursache vom Loch im Zahn ist aber nicht schicksalsbedingte Karies, sondern eine zahnfeindliche Ernährungs- und stressbedingte Lebensweise.

Eine basische Ernährung sorgt unter anderem dafür, dass unser Körper und auch unsere Zähne widerstandsfähiger werden und immer genug Material zur Verfügung steht, welches für die Reparatur und die Erneuerung Voraussetzung ist.

Kokosöl ist entzündungshemmend, antimikrobiell und wirkt aktiv gegen die Karies Bakterien.

Ätherisches Nelken-und Teebaumöl auf das Zahnfleisch zu reiben oder deine Zähne damit zu putzen verhindert Mundgeruch, Zahnverfall, Hohlräume und Zahnfleischentzündungen.

Einfach zwei Tropfen dieser Öle zweimal täglich mit einem Trägeröl wie Kokosöl auftragen.

Ein weiteres natürliches Mittel gegen Zahnschmerzen, was du ausprobieren kannst, ist eine Salzspülung mit Himalajasalz.

Das Salz lindert die Schmerzen, tötet die Bakterien ab und mineralisiert zusätzlich die Zähne.

Heilung von Innen

Füllungen funktionieren gut, aber wenn sich der Zahn selbst reparieren kann, ist das sicher der bessere Weg. Wichtig ist zu wissen, dass es sich bei dem Zahnproblem nur um ein Symptom handelt. Um zu verhindern, dass der Zahnschmerz und/oder das Problem zurückkommen, musst Du auch die Kernursache auflösen.

Wenn sich Zahnprobleme einstellen, ist unser Körper schon lange Zeit mit Säuren und negativen Gefühlen überflutet

Selbst Redewendungen zeigen uns, dass unsere Zähne direkt mit unserer Gefühlswelt verbunden sind. So zum Beispiel:

- Das ist, wie wenn ich auf Granit beiße.

- An diesem Thema werde ich noch lange kauen.

- Das kann ich nur mit Zähneknirschen ertragen.

- Bei diesem Thema bekomme ich die Zähne nicht auseinander.

Ich möchte Menschen mit diesem Praxisbuch ermutigen, auf ihr Gefühl zu hören und sich selbst zu vertrauen. Sich nicht einschüchtern zu lassen oder sogar Angst zu bekommen. Das ist kontraproduktiv.

Ein Mensch kann vollständig geheilt werden, wenn die gestresste emotionale Ursache der Erkrankung ergründet und behandelt wird.

Die eigene Gesundheit unterliegt der Eigenverantwortung

Dr. med. Michael Spitzbart, aus Salzburg bringt es auf den Punkt: "Viele Menschen schieben die Verantwortung für ihr Leben gerne ab – aber beim Thema Gesundheit geht das nicht.

Wenn Sie bereit sind, einen einzigen Tag Ihres Lebens zu investieren, um klipp und klar zu erfahren, was ‚Sache' ist, dann haben Sie eine faire Chance zu entscheiden, wie viele von diesen praktischen Tipps und Techniken Sie anschließend konkret in Ihren Alltag übernehmen wollen. Die Möglichkeit, diese wichtige Frage selbstverantwortlich zu entscheiden, sollten Sie nutzen."

Dr. Spitzbart gilt zweifellos als einer der besten Redner im deutschsprachigen Raum.

"Der Hängematten-Test"

Wenn du die Möglichkeit hättest, dich für ein Tag auf eine einsame Insel zurückzuziehen und den ganzen Tag in der Hängematte zu liegen und nichts zu tun, würdest du sofort ja sagen?

Bist Du bereit für eine Auszeit, um alle deine unterdrückten Gefühle, körperlichen Empfindungen und Symptome, deine offenen Wunden und Verletzungen aus der Kindheit mit Vater, Mutter und Geschwistern sowie deine Herzensstimme einmal anzuschauen und neugierig zu erforschen? Dann lese dieses Buch weiter...

Selbstheilung

- Rezept der Zukunft -

Selbstheilung ist ein Phänomen, das seit einigen Jahren immer populärer wird. Immer mehr Menschen werden sich in diesem Zusammenhang ihrer Handlungsverantwortung und Handlungskompetenz bewusst und stellen dabei fest, dass Gesundheit und Heilung kein Prozess ist, der von außen her aktiviert wird, sondern ein Prozess ist, der innerhalb unseres Unterbewusstseins und in der Folge innerhalb unseres Körpers stattfindet.

Beispiel: Wenn wir stürzen und uns einen Knochen brechen, dann lässt unser Körper diesen Knochen wieder zusammenwachsen.
Er tut dies ganz ohne fremde Hilfe. Alles, was ein Arzt tun kann, ist dass er einen Gipsverband anlegt, damit der Knochen gerade zusammenwächst. Unser Körper ist es jedoch, der diesen Knochen wieder zusammenwachsen lässt. Jeder Arzt kann nicht mehr tun, als die bestmöglichen Bedingungen zu schaffen, damit die im Menschen innewohnenden Selbstheilungskräfte in Tätigkeit treten können.

Viele Mediziner und Forscher halten die Natur jedoch für fehlerhaft. Sie denken, Mutter Natur könne kein menschliches Wesen schaffen, das Krankheiten sowohl als Kind als auch als Erwachsener abwehren kann.

Viele Menschen vertrauen ihrem Immunsystem nicht, weil sie dazu erzogen wurden. Ein gebildeter Akademiker und erfahrener Arzt sagt ihnen, ihr eigenes Immunsystem sei nicht stark genug. Tatsächlich weiß er nicht mit einem Immunsystem umzugehen, da er dazu nie ausgebildet wurde.

Dr. Suzanne Humphries ist davon überzeugt, dass ein gesunder und giftfreier Organismus mit entsprechendem Immunsystem mit allem fertig wird.

Die enormen Regenerationskräfte des menschlichen Körpers

Der eigene Körper erneuert sich zu jeder Sekunde. Keine Körperzelle ist dabei älter als 11 Monate, außer Zähne und bestimmte Knochenanteile. In diesem Zusammenhang erneuert und regeneriert sich alle 6 Wochen unsere Leber, 1 – 7 Milliarden Leberzellen erneuern sich pro Sekunde, alle 8 Wochen erneuern sich unsere Nieren, alle 8 Monate erneuern sich unsere Lungen.

Alle 4 Wochen hat sich unsere komplette Haut erneuert und alle 24 – 72 Stunden benötigen unsere Schleimhäute für eine vollständige Regeneration.

Wir verfügen also über sehr starke Regenerationskräfte und können diese aufgrund unserer eigenen schöpferischen Kräfte zu jeder Zeit, an jedem Ort wieder benutzen.

Wird die Kraft, uns selbst zu heilen, zukünftig immer grösser?

Die Forscher sind verblüfft über die jüngsten Studien, die zeigen, dass Placebos immer effektiver bei der Behandlung von Krankheiten werden und im Vergleich zu herkömmlichen Arzneimitteln sehr gut abschneiden.

Doch die Grenzen werden derzeit vor allem durch die Pharmaindustrie gesetzt, die kein ideologisches und wirtschaftliches Interesse daran hat, dass Menschen statt teurer und langwieriger medikamentöser Therapien durch aktivierte Selbstheilung therapiert werden. Beispiel Diabetes ist mit 40 Milliarden Euro Kosten jedes Jahr eine der Haupteinnahmequellen im medizinischen Bereich.

Der Geist heilt

Placebos (Medikamente ohne Wirkstoff) mögen nicht als Wundermittel taugen, aber was sie uns vielleicht zeigen ist, dass wir bereits eine ungeahnte Fähigkeit zur Selbstheilung besitzen.

Weniger ist mehr!

"Ich gehe davon aus, dass wir 95 Prozent des Geldes sparen können, das wir für Arzneien ausgeben, ohne dass Patienten Schaden nehmen. Tatsächlich würden mehr Menschen ein längeres und glücklicheres Leben führen können", sagt der dänische Mediziner Peter C. Gøtzsche.

Gerade in der symptombezogenen Medizin, in der ein Arzt nur überlegt, welches Medikament er bei welchem Symptom verordnet, bleibt die wahre Ursache oft auf der Strecke.

Beispiel:Gesundheitswissenschafter

Prof. Dr. med Thomas Kurscheid, aus Köln, ist ein Arzt, Gesundheitswissenschafter und TV-Experte (Sat 1), der sich Zeit für seine Patienten nimmt, aufmerksam zuhört und Ursachen der Beschwerden bis auf's Kleinste auf den Grund geht. Dr. Kurscheid arbeitet mit den Patienten gemeinsam, das heißt allein aus dem Patientengespräch können wichtige Infos gewonnen werden.

Patienten schreiben über ihn:
"Bei manch anderen Ärzten habe ich das Gefühl, die nehmen einen nicht richtig ernst, geschweige denn sie haben genug Zeit und machen dann nichts groß, ein paar Tabletten und schon wird man weggeschickt. Bei Dr. Kurscheid fühle ich mich bestens aufgehoben. Von seiner Sorte könnte es ruhig mehr solcher Ärzte geben. Praktisch! Auch das er außer Sport- und Ernährungsmedizin, Naturheilverfahren anbietet, finde ich toll. Man muss ja nicht immer auf Chemiekeulen setzen. Alles in allem ein TOP-ARZT."

Innerer Arzt

Da unser Körper in der Lage ist, sich selbst zu heilen, sagt man auch, dass wir einen inneren Arzt haben. Dieser innere Arzt bedient sich der Selbstheilungskräfte, über die unser Körper in großer Zahl verfügt.

Beispiel: Jede Wunde schließt sich von selbst.

Alles ist eine Einheit: Geist - Emotionen - Körper

Dem englischen Arzt David Colemann zufolge sind die Selbstheilungskräfte unseres Körpers so wirksam, dass wir ohne fremde Hilfe mehr als 90 Prozent aller Erkrankungen innerhalb weniger Monate und Tage, ja sogar innerhalb weniger Minuten selbst überwinden können.

Denn zur Ursachenbekämpfung aller psychischen und psychosomatischen Symptome bedarf es keiner Medikamente, sondern Informationen.

Beispiel: Das Lymphsystem

Das Lymphsystem ist die Kläranlage unseres Körpers. Ist das Lymphsystem nicht mehr in Ordnung, wird der Körper mit Giften, Schlacken und Bakterien überschwemmt und wird schließlich krank.

Lymphstau

Harmlose Symptome für einen Lymphstau sind geschwollene Augen, schwere Beine und verschleimte Atemwege.

Ein defektes Lymphsystem kann aber auch ernste Krankheiten verursachen. Hier kann eine seelische Last den Lymphfluss einschränken und verhindern, dass sich die Lymphe reinigen lassen. Oft stecken wir in einem bestimmten negativen Muster fest und scheinen unfähig, es zu verlassen und uns zu ändern. Diese Unfähigkeit, sich aus einer Blockade zu befreien, kann sich auf Körperebene in Form eines Lymphstaus (Lymphblockade) manifestieren. Würden wir das Leben und die Dinge nicht so krampfhaft festhalten, sondern alles frei fließen lassen, würde die Anspannung auch unseren Körper viel eher verlassen können.

Wenn Du also an dir selbst beobachten kannst, dass immer wieder dieselben unangenehmen Situationen entstehen – immer wieder derselbe Streit, immer wieder dieselben Konflikte – lohnt es sich, hier einmal genauer nachzusehen und zu überlegen, warum wir uns nicht ändern können. Ein Gespräch mit einem guten Freund, Therapeuten oder Seelsorger kann hier oft Augen öffnen – und schließlich auch den Lymphstau lösen.

Die Reinigung und Entgiftung des Lymphsystems wird dir in kurzer Zeit ein erstaunliches Wohlbefinden schenken. Es ist eine der wichtigsten Maßnahmen zur Heilung und Vorbeugung von Krankheiten aller Art.

Heilen ohne Giftpille

Viele Erkrankungen können durch einfache Veränderungen im Lebensstil verschwinden, ganz ohne Medikamente und Operationen.

Wie Geist und Wissenschaft zusammen wachsen

Über den Geist funktioniert dies, indem wir eine neue Ausrichtung unseres eigenen Bewusstseinszustandes realisieren, wenn wir frühkindliche Ur-Traumata, nicht verarbeitete Gefühle oder gar innere, seelische Konflikte, die sich über Jahre hinweg in unserem Unterbewusstsein angesammelt hat, auflösen.

Eine jede Erkrankung wird zuerst in unserem Bewusstsein geboren

In der frühen Kindheit entstehen oft Ängste, negative Energien, seelische Wunden, die im späteren Alter Folgeerkrankungen begünstigen oder gar entstehen lassen. Selbst- und Spontanheilung geschieht im späteren Alter, wenn man sich diesen frühkindlichen Konflikt wieder bewusst wird, die damalige Situation versteht und damit abschließen kann.

Dieses emotionale zurückversetzen führt letztlich dazu, das sich neue Synapsen im Gehirn bilden und sich Krankheiten durch das bewusste fühlen der verdrängten und weggedrückten Gefühle auflösen können. Heilung geschieht aus diesem Grund immer in einem Selbst. Der Mediziner und Heiler Dr. Zhi Gang Sha sagte einst: „Heile zuerst die Seele, die Heilung von Körper und Geist wird folgen".

Das Erstaunliche ist, wie antwortgebend der Körper ist

Über den Körper findet man oft einen viel direkteren Zugang zu seiner eigenen inneren Wahrheit als über den Verstand. "Durch das Erlernen der Körpersignale mittels Empfindungen, Symptomen und Krankheiten kannst Du lernen, was in deiner Psyche und deinen Emotionen unterdrückt oder ignoriert wird und wie sich dies auf deinen physischen Körper auswirkt." sagt Deb Shapiro, Autorin von Your Body Speaks Your Mind.

Unser Körper verfügt über unvorstellbare Selbstheilungskräfte, die uns auch dann noch vollständig heilen können, wenn uns die Ärzte schon längst aufgegeben haben.

Doch damit du das erreichen kannst, musst Du die Verantwortung für deine Gesundheit und dein Leben wieder selbst übernehmen. Wenn wir Gesundheit und längere Jugend haben wollen, müssen wir unsere Gewohnheiten ändern.

Coaching Praxis

Frage: Wie kann es sein, dass ein Mensch jahrelang vergeblich wegen chronischer Schmerzen, Allergien oder Schlaflosigkeit behandelt wird und dann nach einem einzigen intensiven Gespräch seine Beschwerden dauerhaft los ist?

Antwort: körperliche Empfindungen und Symptome sind keine Krankheiten. Viele dieser Leiden haben keine körperlichen, sondern seelische Ursachen, und können allein durch Erkenntnisse zum Verschwinden gebracht werden.

Ganz nach dem Motto: "Zeig mir welche Krankheit Du hast und ich sag dir welches Problem Du hast."

Denn die Geburt einer jeden Erkrankung findet immer in unserem eigenen Geist (Psyche) statt. Die gute Nachricht daran ist, dass unser Lebensprozess diese ungelösten Probleme/Konflikte langsam an die Oberfläche fördert. Das was in unserer Psyche ist, wird sich im Leben irgendwann zeigen. Die schlechte Nachricht ist, dass der größte Teil der Psyche im Unbewussten liegt (96-97 Prozent).
Das was wir Bewusstsein nennen, ist eher der kleinere Teil (3-4 Prozent). Das bedeutet, dass der größere Teil unseres gesamten Bewusstseins, das Unbewusste und Unterbewusste, den Lebensfilm bestimmt, der dann gedreht wird.

Selbstliebe & Selbstheilung

Eine ziemlich außergewöhnliche Nahtod-Erfahrung, die als Folge einer lebensbedrohenden Krebskrankheit entstand, hat Anita Moorjani aus Hong Kong gemacht. 2002 wurde bei ihr Krebs diagnostiziert. 2006 hatte sie ein Nahtoderlebnis, in dessen Folge sich ihr Krebs zurückbildete. Anita Moorjani ist seitdem eine viel gesuchte Rednerin auf Kongressen zu Nahtoderfahrung, Sterben und Tod. Sie ist verheiratet und arbeitet als interkulturelle Beraterin in einem multinationalen Unternehmen.

Rasche Heilung nach wesentlichen Erkenntnissen

Aber warum war sie überhaupt an Krebs erkrankt? Die wichtigste Schlussfolgerung aus ihrem Erlebnis und das ihrer Meinung nach Entscheidendste ist, die Liebe wichtig zu nehmen und auf Liebe (hochschwingende Energie) zu achten. Denn einer der Gründe, warum sie Krebs hatte, war, weil sie sich nicht liebte. Wenn man sich liebt, schätzt man sich selbst. Wenn wir uns schätzen, lehren wir andere, wie wir behandelt werden möchten. Auch verstand sie, man könne alle Ängste loslassen. Früher hatte sie alle möglichen Ängste. Angst vor Krebs, falscher Ernährung oder andere zu enttäuschen. Menschen denken, Ängste brächten ihnen Sicherheit. Aber ihrer Erkenntnis nach ist das nicht wahr. Was einem wirklich Sicherheit gebe, sei die Liebe. Wenn man sich und andere liebt, liegt es einem am Herzen, sich und andere nicht in Gefahr zu bringen. Liebe gibt einem mehr Sicherheit als Angst.

Die Liebe ist die Basis jeder Heilung

Dabei ist vor allem unsere eigene Selbstliebe ein entscheidender Faktor, wenn es um unsere Gesundheit geht. Je mehr wir uns in diesem Zusammenhang selbst lieben, akzeptieren und annehmen, desto positiver wirkt sich das auf unsere eigene physische und psychische Konstitution aus. Selbstliebe bedeutet, dass Du die Aspekte in dir liebevoll annimmst, für die Du früher abgelehnt wurdest und von denen Du glaubst, dass Du dafür im Außen keine Liebe und Anerkennung bekommen kannst. Diese Annahme wurzelt in unserer Kindheit und Jugend, wo bestimmte Verhaltensweisen und Eigenschaften unerwünscht waren und wir annahmen, wenn wir diese weiter ausleben, bekommen wir keine Liebe mehr von unseren Eltern. Überhaupt entwickelt sich in dieser Zeit der Wunsch nach Liebe durch unsere nächsten Bezugspersonen und wenn wir nie lernen, uns selbst die Wertschätzung und Zuneigung zu geben, sondern uns abhängig fühlen von dem, was andere über uns denken, dann suchen wir diese immer weiter und weiter im Außen und werden nie satt.

"Die Liebe deines Lebens"

So heißt der neue DVD-Spielfilm von Sebastian Goder, der mit einer Balance aus Humor, Leichtigkeit und Aufrichtigkeit, echt und tiefsinnig vermittelt, wie wir dauerhaft zu wahrer Selbstliebe gelangen. Ein Film der es schafft, den Zuschauer mit den in der Filmhandlung dargestellten Methoden, in die Selbstliebe, die Selbstachtung und den Selbstwert zu bringen.

Die Selbstliebe dauerhaft in sein Leben integrieren

Egal in welchem Lebensbereich es gerade „Baustellen" gibt; sei es im Job, der Partnerschaft oder der Gesundheit, wenn wir es schaffen, in die uneingeschränkte Akzeptanz unserer selbst zu kommen, haben wir den Schlüssel zur Lösung aller „äußeren" Probleme in der Hand. Somit ist „Die Liebe DEINES Lebens" für jeden etwas, der das Geheimnis der Selbstliebe tatsächlich erleben möchte.

Ohne Selbstliebe ist alles nichts

Wer sich selbst nicht liebt, zieht auf Dauer Krankheiten in das eigene Leben. Denn ohne Selbstliebe sind wir permanent unzufrieden, können uns selbst nicht akzeptieren und durchschreiten immer wieder Täler des Leidens. Negative Gedanken und niedrigschwingende Gefühle verdichten unseren feinstofflichen Körper und schwächen als Folge unser Immunsystem.

Das Problem dabei ist, dass man die eigene Unzufriedenheit und das eigene Unglück nicht mit einer fehlenden Selbstliebe in Verbindung bringt, sondern viel mehr versucht die eigenen Probleme durch äußerliche Einflüsse zu lösen.

Man sucht die Liebe und das Glück nicht in sich selbst, sondern vielmehr im Außen (neuen Job), vielleicht in einem anderen Menschen, oder aber in materiellen Gütern, Geld oder diversen Luxusartikeln.

Selbstliebe zieht Fülle, Gesundheit und Lebensenergie an

Kennst Du Menschen denen scheinbar alles zuzufliegen scheint?

Menschen deren "ruhige vertrauensvolle Ausstrahlung" (frei von Ängsten, Kampf, Hektik, Unsicherheiten) einen selbst einfach in den Bann zieht. Was diese Menschen so faszinierend macht, ist in diesem Zusammenhang kein geheimer Trick, sondern vielmehr die "Kraft" der Selbstliebe, die diese Menschen in sich wiederentdeckt haben. Jemand der in der Kraft seiner Selbstliebe steht, handelt je nach Grad der Selbstliebe zunehmend aus seinem seelischen Verstand/Herz heraus.

Sich selbst voll und ganz zu lieben bedeutet nicht, permanent rundum glücklich zu sein und durch den Sonnenschein zu tanzen, sondern sich auch mit "unguten" Gefühlen zu lieben, sie also als Teil von sich anzuerkennen und zu fühlen, anstatt sie schnellstmöglich "weg haben" zu wollen.

Selbstliebe ist essenziell um die eigenen Selbstheilungskräfte zu aktivieren

Doch Selbstliebe ist heute vielleicht so schwer wie nie zuvor:

Die Australierin Taryn Brumfitt führt zwei Jahre lang auf der ganzen Welt Interviews...wie sehr Frauen an ihrem Äußeren gemessen werden, und immer wieder unter dem Druck leiden, perfekt aussehen zu müssen.

Filmtipp: „Embrace"

Warum Frauen immer noch ihren Körper hassen

Ganz egal, wie selbstbewusst Frauen sich nach außen geben, das Hadern mit dem eigenen Körper haben die meisten seit ihrer Kindheit tief verinnerlicht. Im Trailer des Films „Embrace" heißt es: „91 Prozent aller Frauen hassen ihren Körper." Das zeigt: Man kann die Hülle noch so sehr formen, und dem vermeintlichen Idealbild anpassen – die ständigen Zweifel werden bleiben. Nur wer mit sich im Reinen ist, seinen Körper liebt und umarmt, wie der Film suggeriert, wird sie vertreiben können.

Der Film "Embrace" soll Frauen helfen, ihren Körper zu lieben

Alles fing damit an, dass Taryn Brumfitt ein Vorher-Nachher-Bild bei Facebook postete. Vorher: im Bikini, bei einem Body-Building-Wettbewerb, durchtrainiert. Nachher: nackter, weicher, mit Speckröllchen statt Sixpack. Für das erste Foto hatte Taryn monatelang trainiert. Die Australierin hasste ihren Körper nach drei Schwangerschaften und wollte sehen, ob es sie zufrieden machen würde, wenn sie den berühmten "Bikini-Body" erreicht. "Und da war ich dann", sagt sie rückblickend, "und war immer noch nicht glücklich".
Also fing sie wieder an, ein normales Leben zu führen – nicht als Couch-Potato, aber sie stand eben auch nicht um fünf Uhr morgens im Fitnessstudio.

Am Ende – nachher – hatte sie Frieden mit ihrem Körper geschlossen. Die Selbstliebe und Selbstannahme ist essenziell um eine vollständige Gesundheit erlangen zu können. Frage: Liebt Du dein Frau sein, liebst Du dein Mann sein? Liebst Du dein Frauen-Körper, liebst Du deinen Männer-Körper? Die Selbstliebe wieder entwickeln und sich seinem eigenen Wert als Frau und Mann bewusst machen, sich selber wichtig nehmen, das kann eine der wichtigsten Lebensaufgaben sein für ein langes gesundes Leben. Folgende Krankheiten können durch bedingungslose Selbstliebe geheilt werden: Diabetes, Morbus Crohn, Bullemie, Krebs, um nur einige zu nennen.

Wie man ein Leben in voller Freude, Frieden, Freiheit und Fülle erschafft

Der folgende Text stammt aus dem Buch der amerikanischen Schauspielerin Kate Hudson „Ganz schön glücklich"

Sie beschreibt darin die positiven Veränderungen der Achtsamkeit mit ihrem Körper und was es in ihrem Leben bewirkt hat. Mich hat sie beeindruckt und ich kann ihren Aussagen nur zustimmen.
„Wie jeder Mensch habe ich gute, weniger gute und absolut grauenvolle Tage. Ich bin jetzt Mitte 30 und mein Körper und Geist verändern sich fortwährend, was unterm Strich bedeutet, dass Selbstfürsorge ein hohes Maß an Achtsamkeit voraussetzt, die Bereitschaft, kleine Anpassungen im Alltag vorzunehmen, die dem inneren Wandel entsprechen. Das Konzept des stetigen Wandels war eine wichtige Lektion, die ich verinnerlicht habe und an dich weitergeben möchte.

Sie lautet: Wenn wir uns selbst verstehen und die körpereigene Intelligenz zu nutzen wissen, erkennen wir ziemlich schnell, dass es nicht unser Ziel sein kann, nach Vollkommenheit zu streben, einem Ideal nachzueifern. Das Ziel besteht darin, sich im eigenen Körper wohl zu fühlen.

Ich fühle mich mit meinem wahren Selbst verbunden – mit meinem Körper, meinem Geist und auch meiner Seele. Der wichtigste Meilenstein auf unserem Weg ist die Selbstakzeptanz: Es geht darum, eine positive Beziehung zu uns selbst zu entwickeln, uns selbst wertzuschätzen, unsere Fehler zu akzeptieren und zu unserer Geschichte zu stehen. Es bedeutet, Stärken und Schwächen anzunehmen und uns selbst eine Atempause zu gönnen, statt ständig gegen unsere wahre Persönlichkeit anzukämpfen. Und ganz wichtig: Die Verantwortung für unser Wohlbefinden zu übernehmen

Selbstfürsorge erfordert, dass wir selbst an erster Stelle kommen. Wenn wir es versäumen, unseren Bedürfnissen, Wünschen und Träumen höchste Priorität einzuräumen, bleiben wir auf der Strecke. Wenn andere immer Vorrang haben, geraten Körper und Geist in Stress. Ironischerweise können wir für die Menschen, die uns nahestehen, viel besser sorgen, als wir gut für uns selbst sorgen.

Was mir geholfen hat, ist die Meditation

Was mich immer wieder fasziniert ist, dass meine Meditationspraxis sich auch auf andere Menschen auswirkt. Wenn ich regelmäßig meditiere, werden meine Beziehungen zu anderen herzlicher und stabiler. Neurowissenschaftler und Psychologen bestätigen, dass Meditation all unsere Beziehungen – zu Kindern, Geschwistern, Eltern, Kollegen und Freunden – positiv beeinflussen.

Für mich ist Glück kein Begriff, keine Vorstellung, sondern eine persönliche Erfahrung. Wir müssen es selbst, aus unserem Inneren heraus, entdecken. Mir ist klargeworden, dass ich dank Meditation, meiner gesunden Ernährung und der engen physischen und emotionalen Verbindung zu meinem Körper ganz schön glücklich bin.

Ich habe viel mehr Spaß als früher und warte nicht mehr darauf, mein Leben zu genießen, bis eine Arbeit beendet ist, meine Kinder älter sind oder sich meine Stimmung bessert. Ich habe erkannt, dass Spaß und Lebensfreude prägenden Einfluss auf meine Erfahrungen haben – ganz egal in welchem Bereich.

Ich bin zufriedener mit meinem Leben geworden

Ich bleibe selten in der „Hätte-ich-doch-nur"-Sackgasse stecken. Ich fühle mich wesentlich wohler mit der Einstellung „Zum Glück habe ich…" Diese Veränderung der Sichtweise mag simpel erscheinen, bewirkt jedoch einen subtilen und gleichzeitig konkreten Wandel im täglichen Denken und Handeln. Ich zerbreche mir nicht mehr ständig den Kopf über meine Kinder oder meine Arbeit, ich versteife mich nicht mehr auf Dinge, die sich meinem Einfluss entziehen. Und ich mache mir auch keine Vorwürfe mehr, wenn ich schlecht gelaunt, reizbar oder zu müde bin, um mich aufzuraffen und Sport zu treiben. Ich urteile nicht über Menschen, die anders leben als ich und andere Entscheidungen treffen.

Heute gebe ich mir die Erlaubnis, das Leben voll auszukosten, Zeit mit meiner Familie zu verbringen, in ein neues Filmprojekt einzutauchen, eine lange Wanderung durch den Canyon zu machen, der an meinem Haus entlang führt. Ich glaube, das ist das Beste, was wir tun können, wenn wir nach Glück streben: uns bewusst machen, wer und was uns im Leben am wichtigsten ist, Entspannung, spielerischen Aktivitäten und Freude Raum geben und den goldenen Mittelweg der Zufriedenheit einzuschlagen, auf dem wir Erfüllung in dem finden, was wir tun und erreicht haben.

Mir selbst treu zu sein ist für mich ein Test, um festzustellen, ob ich mein eigenes Leben lebe, meine eigenen Entscheidungen treffe oder mich aus irgendeinem Grund von anderen Menschen fremdsteuern lasse.

Doch authentisch zu sein ist nicht immer leicht. Viele meiner Entscheidungen – berufliche oder in Beziehungen – waren mit meinen Wertehaltungen im Grunde unvereinbar. Manchmal war mir das sofort bewusst, aber ab und zu dauert es eine Weile, bis es mir auffällt. Die Fähigkeit, zu den eigenen Fehlern zu stehen, ist ein wesentliches Element der Authentizität. Wir leben und lernen.

Wir machen Fehler und gehen weiter. Sich selbst treu zu sein trägt zum Aufbau der persönlichen Integrität bei, jener inneren Stärke und Stabilität, die uns vor Augen führt, dass wir uns auf uns selbst verlassen können, egal was passiert...“

Hierzu eine wunderbare Übung von mir: "Sich selbst zuerst auszahlen"

Früher bin ich gern von A nach B gehetzt den ganzen Tag. Doch dann habe ich eines Tages von einem interessanten „Prinzip“ gehört, das mir einen tollen Weg gezeigt hat. Ein Prinzip, das mir da in gewisser Hinsicht die Augen geöffnet hat. Diese Idee fand ich total einleuchtend und überzeugend. So überzeugend, dass ich sie für mich selbst seitdem auch anwende. Das heißt, konkret jeden Tag zuallererst die Dinge zu tun, die mir persönlich wichtig sind. Früher habe ich diese Dinge oft nicht in meinem Tag unterbringen können. Aber so ist es mir auf einmal total leicht gefallen, die Dinge, die mir wirklich wichtig sind, in meinen Alltag mit einzubauen. Nach und nach kamen da so einige Dinge zusammen. Und im Moment mache ich jeden Morgen direkt nach dem Aufstehen ein paar gezielte Sportübungen, dann meditiere ich und fühle meine Gefühle, weil das meinen oft springenden Geist beruhigt und dazu führt, dass ich mich besser auf den Tag konzentrieren kann. Danach mache ich mir ein gesundes Frühstück, mit Nahrungsmitteln, die mir guttun und lese ein paar Zeilen in diesem Buch. So starte ich in den Tag mit freiem Kopf, wohlgenährt und mit guter Laune. Jetzt kann der Tag kommen, denn ich habe mich schon selbst „ausgezahlt“. Für mich ist daraus inzwischen ein richtiges Morgenritual geworden, welches ich nicht mehr missen möchte.

Womit könntest du anfangen, dich selbst zuerst auszuzahlen, um deine Selbstliebe zu stärken?

Dankbarkeit heilt!

Bist Du wirklich jeden Tag dankbar für deine Gesundheit?

Selbst wenn Du schwer krank bist, gibt es noch immer einen großen Teil deines Körpers, der gesund ist.

Durch die Dankbarkeit legst Du automatisch den Fokus auf das Positive. Dadurch richtest Du deinen ganzen Organismus auf Gesundheit und Selbstheilung aus. In der buddhistischen Tradition spielt Dankbarkeit seit Jahrtausenden eine wichtige Rolle auf dem Weg zum inneren Frieden. Nun rückt Dankbarkeit seit einigen Jahren auch immer in den Fokus der Wissenschaft. Das Wissenschaftszentrum der Berkeley Universität für Allgemeinwohl erforscht das Thema seit 2001 und ist zu dem Ergebnis gekommen, dass Dankbarkeit zu den Säulen des Glücks gehört.

Untersuchungen und Studien zeigen nun, wie effektiv Dankbarkeitsübungen sind: Dankbare Menschen sind gesünder, besser gelaunt, stressresistenter und zufriedener mit ihrem Leben.
Prof. Paul J. Mills von der University of California, San Diego, hat untersucht, wie Dankbarkeit die Gesundheit von Herzpatienten verbessern kann. An der Studie nahmen 186 Männer und Frauen mit Herzinsuffizienz teil. Die Teilnehmer wurden in zwei Gruppen aufgeteilt. Eine Gruppe wurde gebeten, ein Dankbarkeitstagebuch zu schreiben. In Dankbarkeitstagebüchern – die manchmal auch als Glückstagebücherbuch bezeichnet werden – werden vom Schreibenden nur positive Dinge notiert. Die Patienten aus der ersten Gruppe haben acht Wochen lang täglich drei Dinge aufgeschrieben, für die sie sich dankbar fühlten.

Die zweite Gruppe führte kein Tagebuch. "Wir stellten fest, dass bei jenen Patienten, die täglich in ihr Dankbarkeitstagebuch schrieben, gleich mehrere Entzündungswerte sanken. Gleichzeitig erhöhte sich die Herzfrequenzvariabilität, was mit einem reduzierten Infarktrisiko gleichzusetzen ist", erklärte Prof. Mills.

Dankbarkeitsübung beim Zähneputzen

Wie macht man Dankbarkeit zu einer neuen Gewohnheit, wenn die Zeit für Tagebücher fehlt? Nimm dir beim Zähneputzen morgens und abends eine Minute Zeit, um die folgenden Fragen zu beantworten:

• Für welche fünf Dinge bin ich im Moment dankbar?

• Was ist mir in den letzten Tagen gut gelungen?

Schon nach wenigen Tagen werden diese positiven Gedanken dir automatisch kommen, wenn Du dich im Spiegel mit einer Zahnbürste im Mund siehst.

Psychosomatik

Ich studiere intensiv seit mehreren Jahren den tiefenpsychologischen Ansatz der Selbstheilung und Gesundheit. Doch in Deutschland gibt es teilweise noch immer Vorurteile und Ignoranz gegenüber psychischen Erkrankungen, obwohl auch hierzulande seit einiger Zeit endlich erkannt wurde, welch drastischen Einfluss, die Psyche auf unseren Körper hat.

"In einem gesunden Körper wohnt ein gesunder Geist" (altes Sprichwort)

Die Verbindung der Komponenten Geist, Körper und Seele wird in der Medizin als Psychosomatik bezeichnet. Wenn wir gesund sind, dann herrscht zwischen Geist, Körper und Seele ein inneres Gleichgewicht. Diese innere Harmonie ist jedoch sehr empfindlich.

Zum Beispiel: Du fühlst dich unwohl in einer Situation und viele deiner Muskeln verspannen sich von allein, ohne dass Du sie bewusst anspannst. Das ist Psychosomatik. Dir ist etwas peinlich und dein Gesicht färbt sich rot. Psychosomatik. Ein weiteres Beispiel (welches einige Menschen betrifft), ist Nervosität vor einer Prüfung. Man muss dringend auf die Toilette, obwohl man vor kurzem erst war. Aber was hat denn die Prüfung, mit unserem Verdauungssystem zu tun? Absolut nichts, das ist einfach Psychosomatik pur.

Beispiel Schlafstörungen

Schläfst Du öfter schlecht ein oder nicht gut durch?

Wenn wir uns tagsüber nicht die Zeit nehmen, um innezuhalten, unsere "unfriedlichen" Gedanken zu klären und bewusst unsere Gefühle zu fühlen, weckt uns unsere Psyche in der Nacht und sagt: „Entschuldigung. Da du tagsüber nicht zu mir kommst, muss ich dich nachts wecken und zu dir kommen.

Ein toller Tipp ist es daher, einen Stift und ein Blatt Papier ans Nachttischen zu legen, und sofort die Gedanken und Gefühle auf-zuschreiben, die einfach mal gehört werden möchten. Wenn Du sie aufschreibst, dann nimmst Du sie quasi aus dir heraus und Du bist dann nicht mehr so stark mit ihnen identifiziert. Jeder von uns hat ständig, viele psychosomatische Vorgänge im Körper, einige sind sehr wichtig und hilfreich, manche nehmen wir gar nicht wahr und andere wiederum können uns sehr stören oder krank machen.

Schaltzentrale Gehirn

Unser Gehirn ist eine Schaltzentrale, die mit jedem Organ und jeder Zelle unseres Körpers in ständiger Verbindung steht.
Psychosomatische Symptome können sofort eintreten oder sich langsam nacheinander aufbauen. Oft hängen sie direkt mit einem aktuellen Geschehen und den dazugehörigen Gedanken und Emotionen zusammen. Zum Beispiel Du denkst nur an die Arbeit oder an ein Familienfest und bekommst Bauchschmerzen oder Kopf-schmerzen.

Im Volksmund findet man viele Hinweise, wie sich die Psyche (Geist und Seele) über den Körper ausdrückt. Du kennst sicherlich auch viele Redewendungen so wie,

• Ich habe einen dicken Hals

• Ich habe die Nase voll

• Es schnürt mir den Hals zu

• Da bleibt mir die Luft weg

• Mir stinkt das Ganze

• Ich traue meinen Ohren nicht

• Ich höre wohl nicht recht

• Ich will das nicht sehen

• Da bleibt mir die Spucke weg

• Das schlägt mir aufn Magen

• Ich könnte aus der Haut fahren

Die einzige Sprache, in der ein Mensch nie lügen oder anderen etwas vormachen kann, ist die sogenannte Organsprache. Diese Sprache ist die Sprache des Unbewussten. Derjenige, der diese Sprache versteht, kann genau ablesen, welche erlebten Konflikte schmerzhaft waren und deshalb ins Unterbewusstsein verdrängt wurden.

Jedem Körperteil kommt dabei eine spezifische Bedeutung zu

Die Beine beispielsweise zeigen uns, wie wir im Leben stehen, auf welche Weise wir durchs Leben gehen oder wie wir zu uns selber stehen. Die Hände sprechen von unseren Handlungen, wie wir etwas anpacken und wie handlungsfähig wir sind. Leiden wir unter Kopfschmerzen, sollten wir uns überlegen, worüber wir uns ständig den Kopf zerbrechen. Schmerzt der Magen, können wir möglicherweise etwas nur schwer verdauen. Wovon haben wir die Nase voll, was können wir nicht mehr riechen, wenn wir verschnupft sind und was können wir nicht loslassen, wenn unser Darm verstopft ist?

Beginnen wir uns so mit unserer "Körpersprache" auseinander zu setzen, kommen wir oft auf erstaunliche Wahrheiten und können das Übel gleich bei der Wurzel packen.

Alles hat 2 Seiten – geistig, seelische Balance

Der polare Aufbau unseres Körpers,
die vielen Zweiheiten/Dualitäten, 2 Füße, 2 Beine, 2 Arme, 2 Hände, 2 Augen, 2 Ohren, 2 Lungenflügel, 2 Nieren, 2 Hüften zeigen uns viel über unsere geistig-seelische Balance im Leben.

Weibliche Anteile, männliche Anteile

Beide Seiten, die rechte wie die linke Körperhälfte sind gleich wichtig.

Die linke Seite ist das weibliche, zulassende Prinzip, durch sie fließt Ying-Energie.

Die rechte Seite repräsentiert das männliche, aktivierende Prinzip, durch sie fließt Yang-Energie.

Jeder Mensch hat männliche und weibliche Anteile in sich, aber unser Verhältnis zu beiden ist fast immer verzerrt und nicht im Frieden. In jeder Frau und in jedem Mann sitzen ein innerer Mann und eine innere Frau. Diesen inneren Personen geht es selten gut, denn sie verkörpern in ihrer Befindlichkeit deine Einstellung zum Weiblichen und Männlichen in dir.

Das Spannende: Der Ort unser Empfindungen, Schmerzen, Erkrankungen oder Verletzungen können uns etwas darüber verraten, woher die psychischen Belastungen rühren.

Dies kann uns einen Hinweis geben und aufklären, wie wir sie lösen können.

Beispiel: Bandscheibenvorfall

Die Bandscheiben-Operation ist einer der am häufigsten vorgenommenen Eingriffe in den menschlichen Körper in Deutschland. Dabei sind sie in fast allen Fällen nicht erforderlich. Im Gegenteil. Oft kommt es danach zu einem Rückfall, der eine erneute OP nach sich ziehen kann

Die Bandscheibe ist eine weiche, nachgiebige Masse, die zwischen 2 harten Wirbeln liegt. Die Bandscheibe wird mir der weiblichen Energie verbunden, die Wirbel mit den männlichen Energien. Ich habe die Erfahrung gemacht, dass jemand der einen Bandscheibenschaden hat parallel dazu Themen in seinem Leben hat, bei dem die männliche Energie die weibliche Energie erdrückt.

Baustellen an der rechten Körperhälfte

Viele von uns haben Beschwerden und chronische Schmerzen an der rechten Körperhälfte.

Dies deutet darauf hin, dass dieser Mensch einseitig auf das männliche Aktiv-Sein und Machen gesetzt und dadurch seine rechte Seite maßlos überbeansprucht hat. Schmerzen auf der rechten Körperhälfte verkörpern alle Probleme der Kindheit mit Männlichkeit und alles, was in deinem Leben heute mit Männern zu tun hat: Vater, Bruder, Onkel, Opa, Sohn, Neffe, Schwager, Mann, Schwiegervater, Freund, Partner und Enkel - in früherer Beziehung zu Autorität, Ohnmacht, Schuld, Scham, Wut, Angst oder Hilflosigkeit.

Die Rechts-Schmerz Frau

Schmerzen in der "rechten, männlichen Körperhälfte" deuten auch darauf hin, dass eine Frau sich nur noch im Außen befindet und den Kontakt zu sich selbst, zur weiblichen Seite, verloren hat.

Die Links-Schmerz Frau

Schmerzen in der linken, weiblichen Seite des Körpers weisen darauf hin, dass die Frau eine falsche Einstellung zu ihrem Frau-Sein hat.

Die Links-Schmerz-Frau hat Wut/Hass auf sich selbst und ihre Mutter der Kindheit.

Körper ist gleich Geist, Geist ist gleich Körper

Eine große Ursache für psychosomatische Erkrankungen oder Störungen ist die gute alte Verdrängung von Problemen, schlimmen Ereignissen und Gefühlen.

Diese Belastung wälzt unser energetischer Körper auf unseren eigenen physischen Körper ab, was dann zu verschiedenen Problemen auf körperlicher Ebene führt. Zum einen wird unser Immunsystem geschwächt, was die Entstehung von Krankheiten begünstigt.
Auf der anderen Seite erfährt unser physischer Körper auch eine Schädigung seines eigenen Zellmilieus.

Unsere Zellen beginnen damit zu „versauern", können nicht mehr optimal mit Nährstoffen/Sauerstoff versorgt werden und begünstigen anschließend aufgrund ihrer Einschränkung, genau so die Entstehung von Krankheiten.

Emotionen

Deine Gefühle - die Türen zu Heilung und Gesundheit

Psyche und vor allem Emotionen spielen eine wichtige Rolle bei der Entstehung und Heilung von Krankheiten. "Aber unser Verstand hat keine Ahnung von der Natur der Gefühle. Darum macht es auch keinen Sinn, über das Denken Gefühle ‚wegmachen' zu wollen", sagt Diplompsychologe Robert Betz.

Beispiel: Sucht

Süchte sind emotionale Abhängigkeiten

Medikamentenabhängigkeit steigt und steigt in unserer Gesellschaft, ganz zu schweigen von der Sport- und Magersucht. Hinter einer Sucht verbirgt sich die „Suche" nach innerem Frieden (Befriedigung). Das Befriedigen der Sucht erweckt ein Gefühl der Geborgenheit, der Sicherheit und der Angstfreiheit. Aufrecht erhalten wir die Sucht durch die „Flucht" vor dem Fühlen von Gefühlen wie Scham, Schuld, Ohnmacht, Angst, Neid, Eifersucht, Trauer und anderen. Es sind die Gefühle des kleinen Kindes in uns.

Oft ist dem Menschen das nicht bewusst, viele würden das auf den ersten Blick sogar völlig verneinen. Schließlich „leistet" man sich die Zigarette vor, nach, während eines guten Essens, beim Warten auf den Bus, beim Kaffee und in allen Situationen, die gedanklich belastend werden könnten, sowie immer wenn man besonders große Angst hat, sich schwer geärgert hat oder auch sich sehr freut.

All diese Situationen sind sehr alltäglich, so sehr, dass sie kaum auffallen und daher bemerkt man sie kaum als etwas, das einem schadet

Sucht ist Angstenergie

Nun wird sich jeder Raucher vermutlich dagegen wehren.
Kein Raucher würde auf Anhieb sagen: „Ja, ich habe Angst, ich fühle mich überfordert, ungeliebt und verlassen und möchte den ungelösten Schmerz in meinem Körper durch die Sucht ausfüllen.

Grundsätzlich kann man über die Sucht sagen, dass sie eine Funktion erfüllt und solange diese Ursache nicht beseitigt ist, solange sie also diese bestimmte Funktion erfüllt, ist es sehr schwer von Süchten aller Art weg zu kommen.

Die belastenden Emotionen am Körper erkennen

Wissenschaftler haben eine Körperkarte der Emotionen erstellt.
Sie zeigt, wo man Freude, Wut, Angst oder Traurigkeit empfindet.

Finnische Forscher luden von der Aalto University in Esbo 700 Probanden in ihr Labor ein. Dort präsentierten sie ihnen Wörter, Geschichten, Gesichter oder Filme, die bestimmte Gefühle wecken, eine Methode, die Emotionsforscher häufig einsetzten. Die Teilnehmer sollten genau in sich hinein spüren. Wo regte sich etwas, wenn sie sich ärgern oder ängstigten? Die Orte ihrer Gefühle markierten sie auf Silhouetten am Computer ein.

Angst & Co

Die meisten Emotionen wurden im oberen Brustbereich gespürt, was laut den Forschern mit Veränderungen der Atemfrequenz und des Herzschlages zu tun hat.

Welche körperliche Region ist bei welcher Emotion besonders aktiv?

Ekel empfanden die Probanden vor allem am Mund (Herbes). Neid sitzt im Kopf. Bei Traurigkeit werden Beine und Arme schwach. Wut breitet sich aus vom Brustkorb, über Arme, Hals zum Kopf, darunter ist Tote Hose. Angst zeitigt ein vergleichbares Bild, jedoch mit einem Ableger im Bauch. Die Forscher hoffen, mit ihren Ergebnissen Ärzten helfen zu können, körperliche Leiden leichter diagnostizieren zu können. Die Forscher vermuten, dass erst diese körperlichen Empfindungen die bewusste Wahrnehmung der Gefühle ermöglichen.

Unser Emotionalkörper!

Es ist medizinisch erforscht, das negative Gefühle unser Immunsystem und unsere Abwehrkräfte schwächen. Dein Körper wird durch Gefühle der Angst, Wut, Trauer, Ohnmacht, Schuld oder Scham in die Schwäche gezwungen.

Unsere Emotionen sind im Grunde Energien und sie können in unseren Zellen unserer Körper als Emotionsmoleküle gespeichert werden.

Unsere Gefühle steuern unseren Körper

Hast Du in deinem Leben schon mal etwas erfahren das eine emotionale Wunde oder einen Schmerz in einem bestimmten Bereich deines Körpers hinterlassen hat? Fast so, als könntest Du immer noch etwas fühlen das dir passiert ist? Das ist so, weil Du an dieser Stelle deines Körpers immer noch die Energie hältst, die von dieser Erfahrung ausging.

Die emotionalen Speicher im Gehirn

Bereits in Heft 5/2014 der ‚Psychologie heute' mit der Überschrift "Die frühe Kindheit und der späte Schmerz" wurde ausgiebig über eine Studie mit 25.000 Menschen berichtet, anhand derer man erkennen konnte, dass Krankheitsbilder, die in späteren Jahren auftreten, unmittelbar damit zusammenhängen, was der Mensch in früheren Jahren erlebt und "gefühlt" hat. So haben sehr viele Menschen ähnliches erlebt und hatten ähnliche Krankheitsbilder.

Volks-Krankheiten

Diabetes, Alzheimer, Hashimoto, Allergien, Sodbrennen und Depressionen, um nur mal einige der "Volks-Krankheiten" zu nennen, die trotz angeblich immer fortschreitender Entwicklung unserer Schulmedizin ständig zu nehmen.

Es ist bewundernswert, mit welchem bemerkenswerten Engagement die meisten Betroffenen beispielsweise in Selbsthilfegruppen oder den vielen Internetforen bis in das kleinste Detail über den Selengehalt in Nahrungsmitteln, die mögliche Existenz unbekannter Krankheitserreger oder die vielen unterschiedlichen Ergebnisse ihrer letzten Hormonuntersuchungen diskutieren.

So wichtig und sinnvoll dieser Informationsaustausch aus medizinischer Sicht auch ist, umso weniger findet erfahrungsgemäß jedoch dabei eine Auseinandersetzung den bislang noch unerlösten Gefühlen in unserem Körper statt.

Heilen durch Erkenntnis – statt Medikamente

Hier ein anderer Ansatz:
Britta schreibt in meiner Facebook-Gruppe: „Wollte nur mal kurz vermelden, dass ich im Juli zum ersten Mal seit 7 Jahren keine Migräne mehr hatte (hab ich immer einmal im Monat). Seit Mai beschäftige ich mit dem neuen Lebensansatz, fühle meine Gefühle bewusst und mache mir viel weniger Druck. Und Schwupps .... die Hammer-Tabletten, die ich dann immer zwei Tage lang nehmen muss, sind diesmal unberührt geblieben. Ich kann`s kaum glauben."

Es gibt nur eine Krankheits-Ursache - Studien zeigen: körperliche Erkrankungen beziehen sich auf emotionale Schmerzen

"emotion" ist einer der wichtigsten, wenn nicht gar der wichtigste Film, über die Entstehung von Krankheiten. Und er verändert unser Bewusstsein und unsere Sichtweise über ihre Entstehung und die Voraussetzungen für Gesundheit.

Du kannst deine Gesundheit nicht einfach von deinen Gefühlen trennen

Die Filmdokumentation "emotion" dokumentiert eindrucksvoll in Interviews mit Wissenschaftlern aus den Bereichen Medizin, Quantenphysik, Kinesiologie, Biologie und Genetik, dass tief sitzender "emotionaler Ballast" die grundsätzliche Ursache von Krankheiten ist und dass nur durch die Aufarbeitung dieser Emotionen körperliche und seelische Gesundung möglich wird.

Unterdrückte - nicht verarbeitete Gefühle sind Krankheitsverursacher Nr. 1

Durch dieses Lehrmaterial werden die nächsten Generationen die Körperwarnsignale besser verstehen, werden Krankheiten besser bewältigen und ihr selbstbewusster entgegenwirken. Das ersetzt zwar keine schulmedizinische Behandlung, aber jede Therapie wird effizienter, wenn ihr „innerer Arzt" mithilft.

Leider ist die Angst vor Gefühlen noch weit verbreitet - sie wird mit Schmerzen verbunden. Doch... Fühlen ist wieder "erlernbar"

Katrin schreibt in meiner Facebook-Gruppe: "Bei mir wurde vor 3 Jahren Multiple Sklerose festgestellt. Jedes halbe Jahr ein Schub, mir ging es immer schlechter, ich könnte nur noch ca. 200 m gehen. Ich war wie gelähmt! Mein Mann hatte sich stark verändert! Im August dann der Knall... Mein Mann hatte seit die Diagnose gestellt wurde, sich sofort auf die Suche nach einer neuen Frau gemacht und hatte seit einem halben Jahr eine Affäre und mich kurzzeitig verlassen. Nach 35 Jahren Ehe! Seitdem weiß ich, dass jede Krise segensreich ist. Ich bin erwacht und habe den Zusammenhang zwischen meiner Angst verlassen zu werden, mich aufzuopfern, Wut zu unterdrücken und wahnsinnigen Schmerz, der einen fast zerreißt, verstanden. Ich durfte in dieser Zeit so viel fühlend lernen, dass ich dankbar bin. Auch dafür, dass mein Mann mich verlassen hat. Ich weiß, ich hatte mich selbst verlassen und selbst betrogen. Ich habe nicht auf mein Herz gehört.

Ja, ich weiß es, dass ich meine Krankheit selbst erschaffen habe! Ich war gelähmt vor Angst. Angst verlassen zu werden, Angst krank zu werden. Und genauso ist es gekommen. Wenn mir jemand zu Beginn meiner Krankheit gesagt hätte, dass ich diese Krankheit selbst erschaffen habe. Dann hätte ich gesagt: Frechheit!

So etwas kann doch wohl nicht wahr sein, was denken sich die Menschen, die so etwas sagen. Wer von uns möchte denn seine Krankheit haben?! Niemand! Und doch ist es so! Ich habe durch meine "unwahren" Gedanken und damit nicht angenommenen und unterdrückten, vermeintlich schlechten Gefühle meinen Körper dazu gebracht, so zu reagieren. Das Tolle daran ist aber, dass ich selbst der Schöpfer bin und so mich auch heilen kann! Ich höre auf mein Herz und lebe jetzt so, dass ich jeden Tag genieße und mein Herz zum Singen bringe. Ich achte auf meine Gefühle und nehme sie dankbar an. Alle und auch die vermeintlich Schlechten!

Mein Mann hat mich verlassen nach 35 Jahren, angeblich weil er vor der Krankheit Angst hatte. Ich lasse ihn in Frieden gehen.

Er hat mir dadurch ermöglicht wieder gesund zu werden und mich mit mir in Kontakt gebracht. Ich kann wieder laufen, ca. 12 km und fahre 30 km Rad.

Jede Krise und auch jede Krankheit bringt dich dazu, wieder in Kontakt mit dir zu kommen und auf dein Herz zu hören. Nimm es als Chance!"

ÜBUNG: DIE WUT UND DIE DAZUGEHÖRIGEN EMOTIONEN IM KÖRPER SPÜREN

Jedes Mal, wenn du bemerkst, dass du Wut und Zorn empfindest und am liebsten mit dir oder anderen schimpfen willst, halte kurz inne, atme tief ein und aus, und nimm deine Gedanken und Gefühle wahr.

Bemerke und benenne sie, zum Beispiel:

"Da ist Wut in mir! Ich spüre Wut, Ärger, Groll oder Hass."

Meistens gehen mit der Wut auch andere Gefühle einher. Und nicht selten steckt hinter der geballten Wut, eine sehr tiefe Traurigkeit, Enttäuschung und Ohnmacht. Gehe nach und nach mit "allen Gefühlen" die hinter der Wut liegen ebenfalls in den bewussten Kontakt und beobachte, wo Du diese Gefühle in deinem Körper wahrnehmen kannst. Lege eine Hand auf diese Körperstelle, und atme einige Male in diese Stelle tief ein und aus. Beobachte, wie sich deine Gedanken und Gefühle verändern. Mache es so lange, bis sie in dir zur Ruhe kommen.

2. Übung:

Wenn Wut hochkommt...

Zieh dich zurück zur Not auf die Toilette und atme tief ein und aus. Dadurch bekommen deine Zellen Luft und Du kannst deine Gefühle besser erspüren. Sage: „Das hier in mir ist mein Ärger. Ich bin bereit, dich, meinen Ärger, zu fühlen. Du darfst jetzt da sein".

Die Energie deines Ärgers versteht dich und reagiert auf dich.

Atme weiter und erforsche, wo deine Wut überall im Körper sitzt - im Bauch, im Kopf. Wut fühlt sich oft verhärtet, verkrampft oder heiß, kochend an und sie hat meist die Farbe Rot. Wir wollen und können den Ärger nicht wegmachen, aber es kann sich verwandeln, wenn du dich ihm auf diese Weise liebevoll, wie einem inneren Kind zuwendest. Folgende Krankheiten können geheilt werden, wenn Du deinen Ärger und deine Wut bejahend fühlst: Migräne, Magenerkrankungen, Entzündungen, Sodbrennen, Gallensteine, um nur einige zu nennen.

Tiefer Gehen!

Ein Prozess des Tiefer-Gehens ist die Meditation.

Dabei wird ein Heilungs- und Resonanzfeld für deine eigenen tiefen Prozesse bereitet.

Die amerikanische Sängerin Katy Perry sagt: "Wenn ich mich angespannt, verängstigt oder körperlich angeschlagen fühle, dann meditiere ich. Ich bekomme dann den Kopf frei und ich fühle mich gelöster und entspannter.

Nico Rosberg fordert Meditation als Schulfach

Der zurückgetretene Formel-1-Weltmeister Nico Rosberg sieht in täglicher Meditation den Schlüssel zu seinem Erfolg – und empfiehlt die Konzentrationsübungen sogar als Pflichtfach in der Schule." Bis heute ist das Erste, was ich jeden Morgen tue: 20 Minuten Meditation", sagte der 31-Jährige der Tageszeitung "Der Welt": "Alle sollten das tun, man sollte es schon in der Schule unterrichten." Man lebe heutzutage "am Limit, wir sind nicht mehr in der Lage, auch mal still zu sein. Wir sammeln immer mehr unsinniges Zeug an und blicken immer weniger durch. "Ihm habe die regelmäßige innere Einkehr "sicherlich" zum erstmaligen Gewinn des WM-Titels verholfen, den er erst im letzten Rennen der Saison in Abu Dhabi im Duell mit seinem Mercedes-Teamrivalen Lewis Hamilton (England) perfekt machte.

Durch Meditationen kannst du im WACHEN Zustand Zugang in dein Unterbewusstes finden und hier Dinge verändern, die dich schon lange blockieren oder ängstigen. Voraussetzung ist dabei Ruhe und Entspannung, um den Weg von der Außen- in die Innenwelt zu finden.

Entspannung bedeutet lösen von Spannungen.

Natürlich ist die Klärung eines Themas in der Regel nicht in ein oder zwei Meditationen möglich. Das braucht Zeit - auch zum Integrieren der Veränderungen. Doch dann geschieht etwas von selber: Manche sagen innere Ausgeglichenheit, völlige Entspannung oder Schmerzlosigkeit.

Lasst den Kindern ihre Gefühle - damit sie mit Freude durch ihr Leben gehen können

Wenn Kindern erlaubt wird, traurig zu sein, haben sie später als Erwachsene ein sehr gesundes Verhältnis zur Trauer und gehen dann gewöhnlich sehr schnell durch Trauererfahrungen hindurch. Kinder jedoch, denen man sagt „Hör' auf zu weinen!", „Stell' dich nicht so an!" oder „Ein richtiger Junger/ein großes Mädchen weint nicht!" usw. können als Erwachsene kaum weinen und traurig sein. Weil man es ihnen oft genug gesagt hat, unterdrücken sie Trauer. Doch Trauer, die ständig unterdrückt wird, wird zur chronischen Depression, was eine sehr unnatürliche Emotion ist. Und aus Depressionen entsteht viel Unglück auf der Erde.

Mit Ärger verhält es sich ebenso.
Kindern, denen erlaubt wird, ihren Ärger auszudrücken, gehen durch dieses Gefühl schnell hindurch. Aber wenn es nicht O.K. ist sich zu ärgern, wenn durchaus wohlmeinende Eltern Kindern ihren Ärger nehmen wollen mit ihrem „Ist doch nicht so schlimm!" oder „Ist doch wieder gut!", dann wird Ärger mehr und mehr unterdrückt. Ärger, der ständig unterdrückt wird, verwandelt sich in Hass. Und Hass ist eine sehr unnatürliche Emotion und sie ist die Ursache von viel Leid auf dieser Erde.

Auch Angst ist zunächst etwas Natürliches

Der Sinn der natürlichen Angst ist es, dem Kind Vorsicht beizubringen. Vorsicht ist ein Hilfsmittel, um den Körper vor möglichen Gefahren zu schützen, vor dem Auto auf der Straße oder der heißen Herdplatte. Kinder, denen ein schlechtes Gewissen gemacht wird, wenn sie Angst ausdrücken, werden als Erwachsene Probleme mit Angst haben. Angst, die ständig unterdrückt wird, wird zu Panik. Und zu was Panik führt, davon sind unsere Zeitungen voll.

Energiekörper – Alles ist Energie

Frage: Aus was besteht unser Körper?

Er besteht aus den folgenden Systemen:

Nervensystem

Lymphsystem

Blutgefäßsystem

Hormonsystem

Herz-Kreislauf-System

Atmungssystem

Verdauungssystem

Harnsystem

Immunsystem

Stütz- und Bewegungssystem

Skelett

Muskulatur

Haut

Aus was bestehen diese?

Gewebe und Organe.

Was sind Gewebe und Organe?

Zellen.

Aus was bestehen Zellen?

Moleküle.

Aus was bestehen Moleküle?

Atome.

Aus was bestehen Atome?

Energie!!!

Der gesamte menschliche Körper ist ein Feld, das aus verschiedenen Schichten unterschiedlich schwingender Energie aufgebaut ist.
Aus der "energetischen" Perspektive betrachtet, ist der Mensch viel größer als der sichtbare physische Körper.
Der physische Körper deckt lediglich den unteren Bereich dieses Spektrums ab. Der physische Körper schwingt sehr niedrig und erscheint uns deshalb sehr fest und solide – auch wenn uns die moderne Physik mittlerweile bewiesen hat, dass auch der physische Körper aus nichts als reiner Energie besteht.

Geformt und erhalten wird der physische Körper jedoch von subtileren Schichten von Energie, die jenseits der für das Auge sichtbaren Schwingungsbereiche liegen. Diese energetischen Schichten oder auch Energiekörper bilden gemeinsam ein zusammenhängendes Energiefeld, das gemeinhin auch als die Aura des Menschen bezeichnet wird.

4-teiliges Energiewesen

Unser Körper endet nur physisch an der Außenhaut. Im "fein"-stofflichen Bereich geht er erheblich darüber hinaus. Wusstest Du beispielsweise, dass das menschliche Herz ein Magnetfeld hat, das bis zu einem Meter entfernt vom menschlichen Körper gemessen werden kann.

Der Mensch besteht aus weiteren vier Körpern:

• Gedanken (mentaler Körper)

• Emotionen (emotionaler Körper)

• Körper (physischer Körper)

• Seele, welche in unserem Herzen verankert ist (spiritueller Körper)

Jeder dieser vier Körper steht in Resonanz mit bestimmten Schwingungsebenen

Die Liebe – als höchstschwingende Energie und Frequenz im Universum, ist die Grundlage für jede Heilung.

Je höher die Frequenz ist auf der unser Bewusstseinszustand und in der Folge unser Körper schwingt, desto glücklicher fühlen wir uns und desto besser geht es unserer Gesundheit.

Je niedriger wiederum unsere eigene Schwingungsfrequenz ist, desto schlechter fühlen wir uns und desto mehr belasten wir unsere Gesundheit. Unsere feinstofflichen Körper überlasten und übertragen die energetische Verunreinigung auf den Körper, in der Folge wird unser Immunsystem geschwächt und die Entstehung von Krankheiten wird begünstigt.

Beispiel - Wutenergie

Unterdrückte Wutenergie kann in unserem Körper z.B. Migräne, Sehstörungen, Allergien, Kratzen auf der Haut, Zähne knirschen, gereizte Schleimhäute, Magenschmerzen oder Sodbrennen verursachen.

Wut anschauen - transformieren

Wenn in dir Wut aufkommt, dann schau dir deine Wut an.
Versuche dir die Situation, im meditativen Zustand, nochmals anzusehen oder falls dir das nicht gelingt: Schließe die Augen, fühle in dich hinein was da los ist und schreibe es dir auf. Wo in deinem Körper fühlst Du sie? Gib ihr Raum. Sag ihr: "
Du meine Wut darfst jetzt da sein. Ich bin bereit dich zu fühlen."
Schau dir dann an, von wo Du diese Wut auch schon kennst.
Was hat sie mit dir zu tun? In Verbindung mit deinen Glaubenssätzen und Grundgedanken. Fühle atmend in dich hinein.

Die Energiekörper und die Chakren

Kennst Du die Kraft der Farben?

Farben beeinflussen unsere Stimmungen, Gedanken und Gefühle.
Farben können ausgleichend, stärkend sowie klärend wirken und
fördern so Gesundheit und Wohlbefinden. Doch warum ist das so?
Die Erklärung liegt auf energetischer Ebene. Und Energie ist nichts
anderes als Schwingung. Dabei gibt es Schwingungen, die wir als
Töne hören. Und es gibt Schwingungen, die uns über die Augen
erreichen, als farbliches Licht. Sowohl von Klängen als auch Farben
ist bekannt, dass sie über unsere Sinne auf unser gesamtes System,
auf Körper, Geist und Seele eine starke Wirkung ausüben, auch
unbewusst. Das nutzt neben den Therapeuten in der Meditation
zum Beispiel die Werbung.

Auf die richtige Wellenlänge kommt es an! Wenn wir einen weißen
Lichtstrahl durch ein Kristall-Prisma senden, entsteht ein Regenbo-
gen aus den sieben Spektralfarben. Jede einzelne Farbe hat dabei
ihre eigene Wellenlänge und eine in Hertz gemessene Frequenz, mit
der sie schwingt. Auch wir tragen Farben in uns. Auch wir sind ein
schwingendes System. Dabei sind die Farben unserer Aura jedoch
für das physische Auge nicht sichtbar. Sie liegen in einem höheren
Frequenzbereich. Besonders interessant sind die Farben unserer
sogenannten „Chakren", den Energie- oder KRAFTzentren in unserem Aurafeld, die entlang der Wirbelsäule als leuchtende Farbrä-
der, Lichtkugeln oder Energiewirbel angeordnet sind wie Perlen an
einer Schnur. Und wie erstaunlich: Sie entsprechen ebenfalls den
sieben Regenbogenfarben. Unsere Chakren und unsere gesamte
Aura reagieren besonders unmittelbar auf Farbschwingungen.

Wir können sie mittels Farbe reinigen, stärken, aktivieren und nähren. Wenn wir schließlich wissen, dass die Chakren wiederum auf unseren Körper (über das Drüsensystem) wirken, beginnen wir den Zusammenhang zwischen feinstofflichem und physischem Körper zu erkennen. Und begreifen, weshalb gerade die Farben ein wundervolles Hilfsmittel sind, um uns auf ganzheitliche Weise in Balance zu bringen und in unsere Kraft zu kommen.

Das Chakra-System

In der Welt der Komplementärmedizin öffnet sich eine ganze Menge bei dem Wort Chakra-System. Ein Chakra ist wie ein Wirbel, ein Kraftwerk der Energie. In unserem Körper haben wir sieben Hauptchakren und viele weitere kleine.

Unsere Lebensenergie!

Du kannst dir Chakras als unsichtbare, aufladbare Batterien vorstellen, es ist deine wichtigste Energiequelle.

Chakren verbinden deinen mentalen und emotionalen Körper mit dem physischen. Wenn das Chakra-System des Körpers nicht frei fließen kann, ist es wahrscheinlich, dass körperliche Probleme auftreten. Die Folgen von unregelmäßigem Energiefluss können sich durch körperliche Erkrankungen und Beschwerden oder das Gefühl, geistig und emotional aus dem Gleichgewicht zu kommen, zeigen.

Jedes Chakra hat eine Aufgabe und befasst sich mit bestimmten Themen

Mithilfe der folgenden Fragen bist Du in der Lage, sich selbst zum tiefen Kern des Problems vorzuarbeiten und von da aus den passenden Lösungsweg ausfindig zu machen.

1) Das Erdchakra, auch Wurzelchakra genannt

Es befindet sich an deinen Füßen. Es befasst sich mit deinem Überlebensinstinkt und wird von der Angst blockiert.

Wenn Du dieses Chakra öffnen möchtest, so frage dich…

• Was sind deine größten Sorgen, Zweifel und Ängste?

• Wo fehlt es dir an Urvertrauen, sodass Du in ständiger Sorge lebst?

• Warum fällt es dir so schwer ins Handeln zu kommen?

2) Das Sakralchakra

Es befindet sich in deinem Unterleib. Es wird gewöhnlich durch Schuldgefühle blockiert. Versuche alle Schuldgefühle zu visualisieren, die dich so sehr belasten. Für was tadelst Du dich am meisten? Als Hilfe, dass du die Realität akzeptieren kannst: Diese Dinge die dir widerfahren sind, könnten jedem passieren. Lerne dir selbst zu vergeben.

Wenn Du dieses Chakra öffnen möchtest, so frage dich…

• Für was machst Du dir selber Vorwürfe?

• Für was fühlst Du dich alles schuldig?

• Wodurch wurde dein Wille gebrochen?

• Wo bist Du schüchtern und traust dich nicht, zu dir zu stehen?

• Wo fühlst Du dich hilflos?

3) Das Feuerchakra, Solarplexus-Chakra

Es befindet sich in deiner Bauchregion, in der Magengegend.
Es befasst sich mit unserer Willenskraft und wird generell von den
Gefühlen der Scham blockiert.

Wenn Du dieses Chakra öffnen möchtest, so frage dich…

• Für was schämst Du dich?

• Wo warst Du am meisten von dir enttäuscht?

• Wo erlebtest Du Niederlagen?

• Was erschöpft dich wirklich im Leben?

• Was raubt Dir Energie?

4) Herzchakra

Es befindet sich auf der Höhe deines Herzens. Es befasst sich mit
der Liebe •und wird häufig durch Trauer blockiert.

Wenn Du dieses Chakra öffnen möchtest, so frage dich…

• Welche Verluste trägst Du mit dir herum?

• Was schmerzt dich wirklich in deinem Leben?

• Was hat dich traurig gemacht?

• Welche Tränen hast Du noch nicht geweint?

5) Kehlkopfchakra oder Halschakra genannt

Findest Du in der Höhe deines Nackens in der Kehle.

Das Halschakra beeinflusst die Schilddrüse, welches auf das gesamte Nervensystem, Energiefluss (trockener Rachen), Muskelkontrolle (Lähmung im Hals) und die Körpertemperatur (oft Fieber) wirkt.
Die Hauptthemen des Halschakras sind der: Selbst-Ausdruck, Kommunikation, die Weite (Gegenteil Enge). Das Halschakra ist die Ebene wo man sich selbst Raum gibt, der Sitz unserer Individualität. Ich-sein dürfen - (kein Versteckspiel, keine Mauer- Schutzstrategie). Es ist die Verbindung von Kopf und Herz (Seele).

Im Halschakra geht es vor allem auch um die Fähigkeit offen zu kommunizieren und sich anderen mitzuteilen. Je offener das Halschakra ist, desto klarer ist auch unsere Kommunikation durch authentische (Körper-) Sprache und die Vermittlung unserer Ideen und Visionen als dann auch die Umsetzung. Ist das Halschakra blockiert, fehlt uns oft der authentische Selbstausdruck unserer Seele. Dies kann sich zeigen als Schüchternheit, Stimm- Hals- Nacken- und Schilddrüsenprobleme (Hashimoto). Oft Angespanntheit, Angst vor der Meinung und dem Urteil anderer Leute, Erstarrung, Kälte, Lethargie, Taubheit. Diese Art der Blockaden entsteht oft im jungen Erwachsenenalter wo der Selbstausdruck unterdrückt oder nicht gelebt werden kann. Die Angst, sich auszudrücken, die Angst vor Zurückweisung, die Angst sich zu verpflichten und die Angst vor Konfrontation können unser Halschakra blockieren.

Trockener Hals: überlege einmal, ob sehr früh in deinem Leben es einige dicke Brocken gab, die es zu schlucken galt und die dir im Halse stecken geblieben sind.

Wenn Du dieses Chakra öffnen möchtest, so frage dich…

• Was hat dazu geführt, dass Du Dir selbst die Stimme verboten hast?

• Wie oft warst Du still, obwohl Du laut schreien wolltest?

• Wo verleugnest Du dich selber?

• Wo gibst Du vor jemand anderes zu sein?

• Wo bist Du nicht ehrlich mit dir?

• Wo stehst Du nicht zu dir?

Kannst Du wirklich deine intensiven Gefühle zeigen und ausdrücken? Finde heraus, was Du denkst (über dich, deinen Wert, über andere Menschen, über das Leben), was Du festhältst und welche Emotionen Du unterdrückst.

Beispiel Schilddrüsenerkrankung / Hashimoto

Meike schreibt in meiner Facebook Gruppe: Ich persönlich glaube, dass Schilddrüsenprobleme oder Hashimoto bei mir ausgelöst wurde, weil ich mich in Teilen viele, viele Jahre selbst abgelehnt habe - Wut unterdrückt und gegen mich selbst gerichtet habe. Der Körper bekämpft sich sozusagen selbst, zerstört sich, indem er ein lebenswichtiges Organ angreift. Bei vielen Ärzten ist das Wissen um die Schilddrüsenerkrankung Hashimoto leider nicht auf dem neuesten Stand. Hier werden sehr viele Weisheiten gestreut. Es gibt Ärzte, die einen eindeutigen Zusammenhang zwischen Gluten und Hashimoto nachgewiesen haben wollen. Andere sagen, nur das Autoimmunprotokoll kann Hashimoto aufhalten.

Nun lese ich, dass es die Milchprodukte seien. Pass bitte, bitte auf, dass du nicht alles glaubst, auch was du im Netz liest.
Nahrungsergänzungsmittel zum Beispiel sind nur nötig, wenn du irgendwo Defizite hast. Mein Gastroenterologe verschrieb mir Selen, als er hörte, dass ich Hashi habe und ich nahm die empfohlenen 200 mcg täglich. Ein halbes Jahr später ließ ich meine Werte checken und die waren unverändert. Ich fühlte mich weder besser, noch schlechter und die Endokrinologin stellte fest, dass mein Selen-Wert schon vor der Einnahme top war. Sie wies mich darauf hin, dass hohe Selen-Einnahmen (und 200 mcg sind sehr hoch) das Risiko, an Altersdiabetes zu erkranken, erheblich erhöht und sie riet mir, das Selen wieder abzusetzen. Man kann mit Hashimoto sehr gut leben. Kein Grund zur Panik. Und du kannst daran arbeiten, dass du die seelische Ursache dafür erkennst und diese anfängst, Stück für Stück aufzulösen, damit es nicht zu weiteren Folgeerkrankungen kommt.

Teste einmal folgende Übungen

Ein ausbalanciertes Halschakra kann sich zeigen, in dem man sich vor seinem inneren Auge vorstellt, dass silbernes, violettes und hellblaues Licht in die Halsgegend fließt.

Wenn man mit Hilfe einer Meditation im Bereich eines Chakras übt, öffnet sich das entsprechende Chakra nachdem die Blockade in diesem Chakra gelöst ist – mehr Energie und Selbstheilung wird spürbar.

6) Stirnchakra

Es wird durch Illusionen und Neid blockiert, welche du selbst kreierst. Die größte Illusion der Welt ist die Illusion der Trennung. Man denkt, Dinge wären völlig verschieden und würden sich unterscheiden, sie sind jedoch ein und dasselbe. Wir sind alle eins. Wir leben jedoch als wären wir voneinander getrennt. Wir sind verbunden, alles ist miteinander verbunden.

Wenn du dieses Chakra öffnen möchtest, so frage dich...

• Wovon trennst Du dich ab?

• Wo machst Du Unterscheidungen?

• Wo empfindest Du Neid?

Wenn Du Herz und Verstand öffnest, wirst du erkennen, dass alles EINS ist.

7) Kronenchakra, Scheitelchakra

Befindet sich kurz über deinem Kopf, direkt auf dem Scheitel. Es wird von weltlichen Anhaftungen blockiert.

Wenn Du dieses Chakra öffnen möchtest, so frage dich...

• Woran hängst Du?

• Was hält dich fest?

• Wo engst Du dich geistig ein?

Lasse los...

Energiekanäle – Meridiane

Vor über 5000 Jahren wussten bereits alte Kulturen von der Existenz dieser Energiekanäle in unseren Körpern. Ähnlich wie bei elektrischem Strom, sind diese Energiekanäle oder Energiebahnen nicht sichtbar, wohl aber messbar. Durch die Meridiane fließt unsere Lebensenergie, die alle Körperfunktionen ermöglicht.

Jedem Organ und jeder Körperfunktion sind dabei bestimmte Meridiane zugeordnet. Der Traditionellen Chinesischen Medizin nach besitzt unser Körper 12 Energiemeridiane. Krankheit kann entstehen, wenn es in diesen Kanälen zu einer Blockade des Energieflusses kommt.

Meridian-Energie-Technik

Eine Reihe von Heiltraditionen, einschließlich Akupunktur, Akupressur, Massage und Yoga, basieren auf dem Prinzip der Energiekanäle oder -bahnen, die als Meridiane bekannt sind und den gesamten Körper als umfassendes Netzwerk durchziehen. Alle Körper sind in ihrer Natur elektromagnetisch und die Wissenschaft kann diese Frequenzen mit moderner Technik wie EKG's oder Magnetresonanztomographie seit vielen Jahren messen.
Zahlreiche Studien belegen, dass die Energiebahnen und -punkte Strom leiten, selbst wenn keine Nadeln verwendet werden. Doch die Wissenschaft hat bisher noch nie an die Existenz der Meridiane geglaubt.

Die asiatische Lehre der Meridiane

Wissenschaftliche Forschung: Kürzlich bestätigten Wissenschaftler an der Seoul National University die Existenz der Meridiane. Sie sagten, dass dieses System ein wichtiger Teil des kardiovaskulären Systems ist. Dr. Kim Bong-Han zeigte vor über 50 Jahren, dass röhrenförmige Strukturen existieren, die weder dem Blutgefäßsystem noch dem Lymphgefäßsystem zugeordnet werden können.

Sie bilden ein dichtes Netzwerk, was sich frei im Körper ausbildet, aber dennoch teilweise den Verläufen von Nerven, Blut- und Lymphgefäßen folgt. Jetzt ist die Existenz dieses Systems in verschiedenen weiteren Untersuchungen bestätigt worden.

Unsere Lebensenergie: Wie stehen Meridiane im Zusammenhang mit unserer Gesundheit?

Unser Körper braucht Balance

Eine ausgewogene Strömung oder Energie ist förderlich für eine gute Gesundheit. Unsere Gesundheit ist lebendig, wenn Harmonie und Gleichgewicht im Körper vorherrscht. Wenn das Gleichgewicht gestört ist wird Krankheit früher oder später die Folge sein.

Diese energetischen Kräfte fließen durch unsere Meridiane, welche die Heilungsenergiebahnen des Körpers sind. Jede Blockade in den Meridianen ausgelöst in den mentalen und emotionalen Körperbereichen wie Gedanken, Gefühlen und Nervenimpulsen, kann sich auf die körperliche Gesundheit auswirken.

Energiestauprobleme

Negativ geprägte Gedankengänge und Emotionen sind in diesem Zusammenhang Erzeuger von energetischer Dichte und niedriger Schwingungsfrequenzen, die Folge ist eine Blockade in unseren Energiebahnen, wodurch der Bereich, in dem sich die Meridiane befinden, nicht mehr ausreichend mit Lebensenergie versorgt werden kann. Dadurch kommt es zwingenderweise zu einem Energiestauproblem, das sich über die Zeit, im eigenen Körper manifestiert, so dass der menschliche Körper erkrankt.

Gesunder Schlaf

Wir wissen alle, dass Schlaf unglaublich wichtig für unsere Gesundheit und unser geistiges Wohlbefinden ist.

Wenn du jede Nacht zu einer bestimmten Zeit aufwachst, ist es wichtig zu wissen, dass dies ein Zeichen dafür sein könnte, dass die Energien in deinem Körper stagnieren. Oft erhalten wir während des Schlafes, Zeichen und Botschaften von unserem höheren Selbst. Die verschiedenen Energie-Meridiane im ganzen Körper werden zu verschiedenen Zeiten während des Tages aktiviert.

Wenn du regelmäßig aus deinem Schlaf aufwachst zwischen 23 Uhr und 1 Uhr:

Wenn du plötzlich zwischen diesen Stunden regelmäßig wach bist, bedeutet dies, dass der Energiemeridian deiner Gallenblase leidet. Dieser Meridian ist an emotionale Enttäuschungen gebunden.

Wenn du immer wieder aus deinem Schlaf aufwachst zwischen 1 Uhr und 3 Uhr:

Dieser Energiemeridian ist mit der Leber verbunden.

Wenn dieser Meridian blockiert ist, ist es aufgrund eingeschlossener Wut.

Wenn du regelmäßig aus deinem Schlaf aufwachst zwischen 3 Uhr und 5 Uhr:

Dieser Energiemeridian ist an die Lungen und an Gefühle der Traurigkeit gebunden.

Im realen Leben werden Patienten meist jahrelang mit Schlaftabletten behandelt, denn in der medizinischen Praxis werden die Symptome und nicht die Ursachen behandelt.

Die "energetische" Komponente wird größtenteils ignoriert.

Der „Fehler" soll schnell und wirksam korrigiert werden. Doch eine rein körperliche Behandlung trägt meist nur zur Verschlimmerung bei und führt dazu, dass die körperliche Erkrankung "chronisch" wird.

Emile Coué (1857-1926) entdeckte als erster moderner Wissenschaftler und Mediziner, dass beim Großteil aller Leiden, der seelische Anteil einer Krankheit den körperlichen überlagert und nach Ausheilung der physischen Erkrankung oft weiter besteht.

Gefühle sind Energien!

Doch was passiert mit unterdrückten, nicht ausgelebten Gefühlen?

Wo geht diese Energie hin?

So ballen sich diese Energien infolge wie ein Wollknäuel zusammen und formen eine Barriere, eine Blockierung oder Blockade, vor und hinter der sich die Energien von nun an "stauen" und der Energiefluss in den Meridianen gerät ins Stocken.

Wir haben dann an bestimmten Körperstellen psychische und energetische Sollbruchstellen, die sich auf unser gesamtes Empfinden negativ auswirken. Nicht selten werden diese seelischen und körperlichen Blockaden zu unseren späteren Krankheiten.

„Emotionen sind Zeugen der Vergangenheit, sagt Dr. Joe Dispenza, in dem Film "emotion" Eingeschlossene, unterdrückte Gefühle verharren im Körper wie kleine tickende Zeitbomben. Schrittweise wird jede Emotion, die wir zu unterdrücken versuchen in eine Krankheit verwandelt, heißt es in dem Film "emotion" weiter.

Physik und menschliche DNA

Experiment: In einem Experiment wurde menschliche DNA, die in einem versiegelten Behälter isoliert war, in der Nähe eines Testobjekts platziert. Die Wissenschaftler gaben dem Spender einen emotionalen Reiz und die Emotionen beeinflussten seine DNA im anderen Raum. In Gegenwart von negativen Emotionen spannte sich die DNA. In Gegenwart von positiven Emotionen entspannten sich die Stränge der DNA. Die Wissenschaftler schließen daraus, dass "menschliche Emotionen Effekte hervorbringen, die den konventionellen Gesetzen der Physik entsprechen".

Was hat es mit körperlichen und seelischen Spannungen auf sich?

Spannungen sind an sich erst einmal nicht grundsätzlich schlecht. Wir lieben es uns „spannende" Filme anzusehen oder „spannende" Dinge zu tun. All dies erleben wir in der Regel als positiv.
Die Spannungen braucht es, damit sich überhaupt etwas in unserer Welt bewegt. Oder denke an die Spannung in einer Batterie. Spannungen sind daher in unserem Leben auf der Welt unabdingbar.
Es gibt allerdings auch Spannungen, welche wir als undienlich oder als unangenehm empfinden, wie körperliche Verspannungen.
Dieses unangenehme Empfinden rührt daher, weil wir gewisse Aspekte daran als schlecht bewerten und somit verdrängen. Um dieses Thema nun angehen zu können, macht es vielleicht Sinn sich zu erlauben, den Standpunkt von negativ-oder-positiv einmal auf einen neutralen Beobachter zu wechseln. Es spannt – das heißt irgendetwas ist nicht im Gleichgewicht. Und dieses „irgendetwas" gilt es nun zu erforschen. Das geht am besten, wenn Du ehrlich zu dir selbst bist. Und damit meine ich wirklich ehrlich. Wie von außen gesehen – so als wärst Du jemand anderer der dich betrachtet.

Was in deinem Leben bringt dich dazu dich übermäßig anzuspannen? Die Arbeit? Deine Beziehungen? Freunde? Geldprobleme? Was auch immer – nur wenn Du in der Lage bist es anzuschauen und dazu zu stehen, bist Du fähig etwas zu verändern – so Du willst. Wenn ein Problem weiterhin im Untergrund schlummert und Du einfach nur so tust als wäre alles okay, tritt ein gewisser Stillstand ein. Und Stillstand heißt still stehen – also keinerlei Bewegung mehr. Und vielleicht kennst Du das von Kindern – ein tobendes Kind, das etwas von dir will. Du hast oder nimmst dir aber keine Zeit und redest weiter am Telefon oder gehst weiter deiner Beschäftigung nach. Du verdrängst erst einmal. Wird das Kind nun dadurch ruhiger werden? Nein, im Gegenteil, es wird immer mehr aufdrehen und lauter werden und sich damit in den Vordergrund drängen.

Wenn Du dir jedoch die Zeit nimmst, auf Augenhöhe gehst und dem Kind wirklich zuhörst wird es sehr schnell ruhig werden.

Das ist mit Spannungen und Problemen genau das gleiche. Wir tun meistens so, als wären sie nicht da. Nur dadurch werden die Dinge nicht wirklich weniger. Wir drängen sie nur aus unserem Focus und dadurch müssen sie immer lauter und drängender werden.

Die Seele sagt zum Körper: „Geh Du vor, auf mich hört sie/er nicht!"

Zuerst schreibt es die Seele mit einer Feder auf die Haut deines Körpers. Doch oft hören wir nicht. So muss die Seele zu deutlicheren Maßnahmen greifen und schreibt es mit einem Stift in deine Haut, um deine Aufmerksamkeit zu bekommen.

Beispiel Panikattacken

Eine Panikattacke ist ein Zustand intensiver Angst.

Sie ist eine Art Notfallreaktion des Körpers, die ausgelöst wird, wenn eine bestimmte innere Anspannungsgrenze überschritten wird – wenn zu starke oder zu viele Stressoren gleichzeitig auf den Körper einwirken. Die Panikattacke beginnt abrupt und völlig unerwartet und erreicht innerhalb weniger Minuten ihren Höhepunkt.

Die Panikattacke wird begleitet von unterschiedlichen Körpersymptomen, die jedoch nicht alle bei jedem Menschen mit einer Panikstörung auftreten und die auch nicht alle als gleich bedrohlich erlebt werden. Symptome wie: Herzrasen, Herzklopfen oder unregelmäßigen Herzschlag, Schwitzen, Zittern in der Stimme, Mundtrockenheit, Atemnot, Erstickungsgefühle, Enge oder Kloß im Hals,

Schmerzen, Druck oder Enge in der Brust, Übelkeit oder Bauchschmerzen, Schwindel, Unsicherheits-, Ohnmachts- und Benom-
menheitsgefühle, Angst, die Kontrolle zu verlieren, Angst, "ver-
rückt" oder ohnmächtig zu werden, Hitzewallungen oder Kälte-
schauer, Taubheit oder Kribbelgefühle.

Anja schreibt in meiner Facebook Gruppe: "Panikattacken hatte ich
auch. Es waren tiefe verschüttete, traumatische Erfahrungen von
Geburt und früher Kindheit. Es waren Gefühle die so tief versteckt
waren das mein Körper so reagierte. Als ich an die tieferen Schichten kam war der Gedanke: " wenn ich das fühle dann sterbe ich
ich!"...und genau so reagierte mein Körper. Inzwischen kann ich
viel schneller und leichter fühlen.

Voraussetzung für jegliche Heilung ist, dass ich Emotionen zulasse
"Rein in das Gefühl und wieder raus aus dem Gefühl..."

Wenn mein Körper beginnt Adrenalin auszuschütten...und ich spüre das...dann weiß ich sofort: O.K...da will wieder was gefühlt werden. Bei mir ist es vor allem ganz viel Angst, Ohnmacht und Trauer. Wenn ich erst mal im Fühlen bin entspannt sich mein Körper
und mein vegetatives Nervensystem. Es steht wirklich in direktem
Zusammenhang."

Auflösen der Angst durch Beklopfen

Eine Methode, um den Kern einer Krankheit oder einer Blockade
zu behandeln, ist die Klopftechnik. Dabei werden bestimmte Punk-
te im Körper, die Hauptschnittstellen der Energiebahnen, durch
Beklopfen stimuliert. Auf diese Weise bekommt man einen direkten Zugang zum muskulären Gedächtnis. Wird während des Beklopfen eine geistige Verbindung zu einer Angst, einer Blockade
oder einem Glaubensmuster hergestellt, so kann diese dabei aus
dem muskulären Gedächtnis herausgelöst und gelöscht werden.

Die traditionelle chinesische Medizin verwendet Meridian-Punkte im Körper, die mit den Fingerspitzen einer Hand leicht angeklopft werden, während zur gleichen Zeit bestimmte relevante Sätze wiederholt werden. Durch das Denken an deine Kernangst wird diese aus dem Unterbewusstsein in das Bewusstsein geholt und durch die Stimulation der Energieknotenpunkte, in denen sie festsitzt, aufgelöst.

Vielleicht wirst du diese Technik einmal versuchen, wenn du das nächste Mal negative Emotionen empfindest, unabhängig davon, ob du an das Energiesystem glaubst, oder nicht. Die Ergebnisse könnten dich überraschen.

Wenn du deine Finger benutzt und bestimmte Energiepunkte deines Körpers antippst, kannst du emotionalen Stress reduzieren, Schmerz lindern und womöglich sogar Gewicht verlieren.

Abklopfen ist eine einfache Selbsthilfetechnik, die du fast überall ausführen kannst. Erst mal machst du Akupressur an dir selbst. Dann nutzt Du eine psychologische Selbsthilfetechnik um deine Probleme auszudrücken.

Das bewirkt Akupressur? Akupressur ist eine Technik der alternativen Medizin, bei der man heilt, indem man die Finger benutzt und auf Schlüsselpunkte des Körpers drückt. Dies stimuliert den Körper sich selbst zu heilen. Das Abklopfen wird meist im Gesicht und am Kopf ausgeführt, da sich an diesen sensiblen Stellen viele Nervenenden befinden. Durch rhythmisches Abtippen aktivierst du eine beruhigende Wirkung in deinem Körper, die den Stress lindert.

Energiemeridiane im Körper

Wenn du die Hautoberfläche berührst, dann aktivierst du Energiezentren unter der Haut. Energie wird durch erlebtes Trauma blockiert, physisches wie auch emotionales. Abklopfen "aktiviert den Energiefluss", eliminiert die Blockade und stellt die Körperbalance wieder her. Das Abklopfen entlang dieser Meridiane setzt Energie frei, die durch den Körper wandert. Der Energiefluss ist notwendig für die Blutzirkulation und alle wichtigen Körperfunktionen.

Selbstgespräche um Gefühle auszudrücken

Zusätzlich zum Abklopfen drückst du verbal aus was dich bedrückt. Lasse es laut raus und erzeuge so eine direkte Freisetzung der Spannung.

Hier sind die Schritte der Klopftechnik:

1. Äußere dein Problem

2. Tippe auf deine Augenbraue

Klopfe auf den Punkt der inneren Kante deiner Augenbraue, da wo das Haar anfängt zu wachsen. Beide Seiten sind dafür geeignet.
Tu das was sich gut anfühlt. Wenn du das tust, spreche ehrlich darüber, wie du dich fühlst. Folgen wir unserem Beispiel der Partyplanung, dann sagst du wohl „Ich bin gestresst, weil so viel für diese Feier zu tun ist. "Die anderen verschiedenen Stellen klopfst du etwa 10 Sekunden lang ab.

3. Tippe auf das äußere Auge

Klopfe auf die äußere Ecke des Auges, auf den Knochen unter der äußeren Augenbraue. Auf welcher Seite, das sei dir überlassen. Sage wieder, wie Du dich fühlst und was dich belastet.

4. Tippe auf den Knochen unter dem Auge

Klopfe mit deinen Fingern unter dein Auge, auf den Knochen. Und spreche wieder aufrichtig über deine Gefühle. Tu das 10 Sekunden lang.

5. Tippe unter deiner Nase

Klopfe auf die Stelle zwischen Nase und Lippe. Drücke weitere Gefühle und Belastungen aus.

6. Tippe auf dein Kinn

Klopfe 10 Sekunden lang auf die Stelle unter der Unterlippe, auf das Grübchen vom Kinn, während Du laut über deine Empfindungen sprichst.

7. Tippe auf dein Schlüsselbein

Klopfe auf einer Seite mit deinen Fingern auf dein Schlüsselbein, für 10 Sekunden.

Sage etwas anderes, dass Du fühlst und was dich bedrückt.

8. Tippe unter deinem Arm

Etwa 5cm unter der Achselhöhle klopfst Du mit deinen Fingern ab und sprichst über deine Gefühle.

9. Tippe auf deinen Kopf

Klopfe das letzte Mal mit deinen Fingern auf deinen Scheitel und sprich darüber was dir Stress bereitet.

10. Nimm einen tiefen Atemzug und atme ihn aus

Dies ist eine schnelle Lösung für Energieblockaden

Probiere es aus – und klopfe dich frei!

Sprechstunde "Krankheiten lesen lernen"

Magen-Darm

Wer hat nicht von Zeit zu Zeit einmal Probleme mit: Verstopfung, Durchfall, Magenschmerzen und besonders Reizmagen und Reizdarm.

Neben Prüfungsängsten beeinflussen Vorstellungsgespräche, schwierige Situationen am Arbeitsplatz, Reisefieber, Streit unter Kollegen oder in Familie und Beziehung sowie allgemeine Unsicherheit in unbekannten Situationen Magen und Darm gleichermaßen. Es beginnt zu rumoren und im Extremfall machen wir uns sprichwörtlich in die Hose.

Der Grund: Die in Belastungssituationen freigesetzten Stresshormone versetzen unseren Körper in Alarmbereitschaft. In der Folge wird Energie auch aus dem Verdauungsprozess abgezogen mit dem Ergebnis, dass die Nahrung entweder unzureichend transportiert und aufgeschlossen oder in Eile entsorgt wird.

Hinter Erkrankungen des Verdauungstrakts stecken vor allem psychische Probleme. Wir sagen: "Das ist mir auf den Magen geschlagen", „Ich fresse alles in mich hinein", "Das (Problem) kann ich nicht verdauen", „Das ist mir sauer aufgestoßen", „Ich habe eine enorme Wut im Bauch" oder „Das liegt mir schwer im Magen".

Viele Menschen reagieren auf diesen Stress mit Bauchschmerzen oder Sodbrennen. Anderen ist der Magen wie zugeschnürt, wenn sie sich in einer belastenden Situation befinden. Ganz besonders schnell schlagen psychische Belastungen in Form von unterdrückten Gefühlen wie "Ärger und Angst" auf den Magen und den Darm.

Dadurch verkrampft sich der Magen, es wird mehr Magensäure produziert, was wiederum zu Sodbrennen und zu Übelkeit, Blähungen, Krämpfen und Magengeschwüren führen kann.

Sodbrennen ist mittlerweile eine Volkskrankheit: Bis zu 20 Prozent aller Deutschen leiden an dem brennenden, schmerzhaften Gefühl, das vom Bauch nach oben steigt.

Der Bauch ist das "sprachgewaltigste Organ" unseres Körpers

Was spricht nun der Bauch?

Er könnte Folgendes sagen: "Da sitzt etwas in deinem Bauch, was drückt, weh tut und hinaus möchte. Du möchtest es gerne weghaben, es stört dich, es lässt dich schlecht leben, es raubt dir die Lebensfreude. Vielleicht ist es ein Teil von dir, von deiner Lebensgeschichte.

Hilfreiche Fragen bei medizinisch nicht erklärbaren Beschwerden könnten sein:

• Von welchen Gedanken und Gefühlen sind die Magenschmerzen begleitet? Was sagen sie mir? Kann es sein, dass ich auf jemanden sauer bin?

• Bestehen noch "unbewusste" Konflikte mit Vater, Mutter oder Geschwistern der Kindheit, die ich nicht wahr haben will oder denen ich nicht ausweichen kann und die nun wieder durch gegenwärtige Situationen und anderen Menschen (die sogenannten Knöpfedrücker) hervorgehoben werden?

• Was fresse ich in mich hinein?

• Habe ich seelische Verletzungen erlitten oder schwere Lebensereignisse durchgemacht, die ich noch nicht verarbeitet habe?

• Was liegt mir wirklich wie ein Stein im Magen? Welcher Seelenkonflikt ist so unverdaulich? Unser Körper als Signalgeber kann uns helfen, Belastungssituationen oder unbewältigte Konflikte wahrzunehmen und richtig einzuschätzen.

Bei Unruhe, Anspannung und Nervosität:

Ein dich beunruhigendes Gefühl beansprucht seinen Raum in dir. Es will an die Oberfläche.

Im Blickpunkt der Forschung: Bauch-Hirn-Achse

Hirn und Bauch liegen ziemlich weit auseinander – wie ist es möglich, dass beide Körperregionen so intensiv miteinander kommunizieren? Wenn der Bauch spricht - ein Beispiel: Eine Frau im mittleren Lebensalter leidet regelmäßig an teilweise krampfartigen Bauchschmerzen. Bereits als Kind habe sie öfter Bauchweh gehabt.

Die Beschwerden seien sehr unangenehm und würden ihre Lebensqualität wesentlich beeinträchtigen. In der Sprechstunde wird zunehmend die Mutter der Kindheit zum Thema, die dominant, kritisierend und wenig einfühlsam war. Sie machte immer wieder verletzende Bemerkungen. Wenn die Frau über ihre Mutter spricht, spürt sie ein Rumoren im Bauch. Sie beginnt Wut, Ärger und Groll wahrzunehmen, der hinaus möchte.

Das steckt dahinter: Weil sie Ihre unverdauten Gefühle über Jahrzehnte weggedrückt hat, müssen sie auf der körperlichen Ebene „verdaut" werden.

Ihr Bild: Das Leben streut ihr Salz in offene Wunden, die schon lange weh tun. Sie hat eine starke Abwehrspannung im Bauch.

Einerseits spricht der Bauch zu der Patientin selbst: "Höre mich, nimm deinen Schmerz, deine Gefühle, wie Wut, Hass und deinen Ärger wahr. Lass das nicht mit dir machen!" Andererseits spricht er zu der Mutter: "Du tust mir weh, du hast mich immer wieder verletzt und im Stich gelassen. Ich möchte, dass du das weißt!" Das sind mögliche Botschaften des Bauches.

Die Medizin öffnet sich der Kuby-Methode

Praxis Übung:

Clemens Kuby hat bereits tausenden Menschen gezeigt, wie sie sich selbst heilen können.

Er war 1981 querschnittsgelähmt und hat sich selbst geheilt. Weltweit, in 14 Ländern hat er studiert wie geistiges Heilen funktioniert. Seit 2005 hat er aus allen seinen Erfahrungen eine unglaublich einfache Selbstheilungsmethode entwickelt: Negative Assoziationen, Gefühle und Bilder werden wie ein Film im ersten Schritt niedergeschrieben.

Im zweiten Schritt: ist alles darin, was in der schmerzhaften Situation geholfen hätte: wie schützende Personen, anderes eigenes Verhalten oder ein sich anders verhaltendes Umfeld (heile Eltern) und alles andere was gut getan hätte. Das Schmerzbild wird so lange umgeschrieben und mit Positivem gefüttert, bis es stimmig ist, man sagt: „Ja, jetzt stimmt es so." Dieses Umschreiben geschieht im Präsens. Das Gehirn kann nämlich zwischen Fakt und Fiktion nicht unterscheiden. Es speichert die neue gute Erfahrung in den Zellen des Körpers ab und löst den Selbstheilungsprozess aus.

Dieser Ansatz der Selbstheilung hilft aus der verletzenden Perspektive eines Opfers heraus zu kommen. Ist man selbstverantwortlich, kann man sich ändern und gesund werden. Wenn man das Seelische aufgearbeitet hat, aktiviert man die Heilungskräfte. Natürlich geht das nicht von heute auf morgen und braucht Zeit, wie die Entstehung ihre Zeit brauchte.

Chefarzt Professor Dr. Gabriel Schär aus der Schweiz ist ein Befürworter und der Überzeugung, dass sich alle Ärzte und Patienten ausführlich mit der Kuby-Methode beschäftigen sollten.

Sprechstunde "Krankheiten lesen lernen"

Erkältungen/Grippe

Wie gehst Du mit einer Erkältung oder Grippe um? Greifst Du sofort zu Medikamenten oder fragst Du dich, was es mir und meiner Seele sagen will?

"Gibt es etwas von dem Du vielleicht die Nase voll hast?"

"Möchtest Du jemanden was husten?"

Stirn- und Nasennebenhöhlen sagen uns was oder wen kann ich nicht riechen, wer in meinem familiären Umfeld "nervt" mich zurzeit. Aus feinstofflichen Ärger, der chronisch verdrängt wird, entstehen immer dichtere Energien wie Groll, Hader, Wut und Hass und diese materialisieren sich auf der grobstofflichen Ebene in unseren Körpern zu gelbem Eiter in den Stirn- und Nasennebenhöhlen.

Wenn Du nun nicht darauf reagierst, bedeutet das für dich und dein seelisches Thema dass es noch mehr in die Körperlichkeit geht, mit weiterem Husten, Halsschmerzen, Grippe mit Ansteckungsgefahr. Damit sagt dir deine Seele: "Ich habe die Nase voll. Ich möchte am liebsten allen etwas husten. Ich kann das alles, was in mich einfließt an Energie durch verdrängte Gefühle nicht mehr schlucken. Ich will mich abgrenzen von diesen Energien, aber mein Mensch schafft es nicht alleine. Deshalb werde ich ansteckend, so dass mir keiner zu nah kommen darf."

Husten

Hier will jemand seine unterdrückte Wut "Aggressionsenergien" hinausschreien, husten.

Intensive Gefühle, wie Wut oder starke Schuldgefühle werden häufig unbewusst in den Körper verlagert. Durch das Verschieben der seelischen Konflikte findet eine (scheinbare) Entlastung der Psyche statt, denn die ganze Aufmerksamkeit ist nun auf den körperlichen Schmerz, wie die Lunge, gerichtet. Bei vielen chronischen Schmerzpatienten konnte nachgewiesen werden, dass ihr Aggressionsverhalten auffallend stark gehemmt war. Und auch bei Menschen, die unter chronischen Husten leiden, kann davon ausgegangen werden, dass sie ihre Aggressionen unterdrücken und dadurch unbewusst in den körperlichen Bereich verlagern.

Nachts ist unser System offener

Es kann sein, dass es viele Nächte gibt, in denen Du besonders zwischen 2:00 und 4:00 Uhr morgens wegen lautem Husten aufwachst.

Das ist die Zeit, wo deine Seele bei dir anklopft.

Die häufigste Ursache ist die, dass wir uns tagsüber nicht den ungeklärten Themen, Konflikten, Fragen widmen, die angeschaut und geklärt werden wollen.

Je mehr Hustensaft, Tee, Hustenbonbons wir tagsüber einnehmen, ohne anzuhalten und nach innen zu gehen, desto eher sagt unsere Seele zu uns: „Sorry, ich kann dich tagsüber ja nie erreichen.
Du läufst dauernd vor mir weg. Nur wenn du liegst, kann ich dir zeigen, was zur Klärung ansteht.

Deine Seele will über den Husten auf deine seelischen Konflikte aufmerksam machen. Da der Vorgang der Konflikt-Verlagerung jedoch völlig unbewusst geschieht, findet diese Information nur äußerst selten Gehör.

Aus diesem Grund sollte bei häufigen Schmerzen, so auch bei Husten immer folgende Frage gestellt werden:

"Mein lieber Körper, was sagt Du mir gerade?"

Sich selbst nicht nur zuzuhören, sondern auch zu verstehen versuchen, was wir uns mit einem Symptom mitteilen wollen, ist ein erster Schritt auf dem Weg zu mehr Wohlbefinden und auch Gesundheit.

präventive Medizin

Michaela schreibt in meiner Facebook Gruppe: "Ich mach das mit meinem "kleinen" Sohn - mittlerweile 15 - auch schon seit vielen Jahren, dass ich ihm helfe draufzukommen, was sein Körper ihm sagen will, wenn er krank ist und wie er seine Selbstheilungskräfte aktiviert. Am Anfang war er oft richtig "genervt":- "Maaaaaaaaaaa, kann ich nicht einfach mal nur ganz normal krank sein, ohne dass mir das gleich was sagen will!?" Mittlerweile ist das schon ein komplett selbstverständlicher Teil unseres Lebens - er ist so gut wie nie mehr krank - und wenn, dann nur extrem kurz."

Sicher, das kostet Zeit und das führt auch dazu, dass wir mal nicht so leistungsfähig sind, wie wir es von uns erwarten. Letztlich aber rächen sich der Raubbau, den wir mit unserem Körper treiben und das sowohl auf körperlicher als auch auf seelischer Ebene.

Die Grundlage der Gesundheit

Ich kenne Fieber-Prozesse bei mir gut und für mich hat es nichts mit Krankheit oder Leiden zu tun, sondern mit einer ja, angenehmen Transformation und Heilung. Dabei behandle ich gar nichts oder versuche irgendwas zu verändern, denn mein Körper weiß am besten, wie er sich regeneriert. Ich liebe diese körperlichen Prozesse, wo ich ganz auf mich selbst zurückgeworfen bin, auf meine eigenen Selbstheilungskräfte.

Sprechstunde "Krankheiten lesen lernen"

Allergien

Die Schulmedizin hat die Zusammenhänge zwischen der Psyche und einer allergischen Reaktion noch nicht ausreichend erforscht und steht den meisten Allergien darum auch entsprechend hilflos gegenüber, genauso auch viele Heilpraktiker.

Der Körper ist auch bei Allergien nur das "Anzeigeinstrument"

Das heißt Allergien kommen nicht durch äußere, physikalische Einflüsse zustande, sondern durch früher erlittene psychische Bedrohungen. Ergo ist hier auch keine medizinische, sondern psychologische Hilfe vonnöten. Eine Allergie zu haben, bedeutet aus Sicht der Psychosomatik etwas nicht zu mögen, und sich deswegen dagegen zu sträuben, dagegen anzukämpfen.

Gesund ohne Arzt

Meist handelt es sich dabei um Erinnerungen an unliebsame Ereignisse aus der Kindheit, die man nicht mag, mit denen man noch im Unfrieden ist. Wie, ja bekannt, werden Erlebnisse und Erfahrungen mit denen der Mensch noch keinen Frieden gefunden hat, im menschlichen Energiefeld des Betreffenden abgespeichert.

Er befindet sich auf der mentalen Ebene sozusagen noch im inneren Kampf mit der betreffenden Erfahrung

Diese inneren Konfliktprogramme stehen natürlich grundsätzlich im Gegensatz zu den übergeordneten Programmen der Seele, welche nach Harmonie, Frieden, Freiheit und Erfüllung strebt.

Die Allergie ist also nichts weiter, als eine Steigerungsstufe, auf der die Seele den Versuch unternimmt, dem Menschen mithilfe der Körperebene die Botschaft zu vermitteln: „Schau mal, da ist noch ein Konflikt in dir, der in deinen (meist unbewussten) Gedanken tobt. Ich mach dir diesen Konflikt z.B. auf deiner Haut sichtbar, damit Du eine Chance hast, zu erkennen, da gibt es noch etwas zu klären aus deiner Vergangenheit, damit Du zu deinem ersehnten inneren Frieden finden kannst."

Die diversen allergischen Reaktionen auf allerlei Substanzen - ein Beispiel: Ein junger Mann hatte einen Blumenladen und Heuschnupfen.

Ungünstige Konstellation. Man fand heraus, dass der junge Mann als Kind mit dem Fußball die Blumenbeete seiner Mutter (unbeabsichtigt) zerstörte. Die schimpfte ihn ganz Dolle. So ergab für ihn das Blumen und das schimpfen der Mutter eins waren. Im späteren Leben entwickelte er dann unbewusst seinen Heuschnupfen.

So, wie in diesem Beispiel vereinfacht dargestellt, ist es im Prinzip mit jeder Allergie. In der Praxis kommt es allerdings öfter vor, dass mehrere verschiedene Erfahrungen zugrunde liegen.

Praktisch geht man dann so vor, dass man immer weiter zurück geht, und alles bearbeitet, was an belastenden Erfahrungen gefunden wird. Sobald alle „schlechten" Erfahrungen bearbeitet sind, welche mit dem Allergen verknüpft sind, wird die Allergie verschwinden.

Ein weiteres Beispiel: Ein junges Mädchen war gerade dabei ein Roggenbrot zu essen, als sie die Nachricht bekam, dass ihre Oma verstorben ist.

Jahrzehnte später wurde bei einem Allergietest festgestellt, dass sie auf Roggen allergisch reagierte. Der Frau nun zu empfehlen, einfach den Roggen aus der Ernährung weg zu lassen, bringt natürlich kurzfristig Erleichterung, aber dem höheren Sinn der Roggenallergie wird dies nicht gerecht. Ihre Seele möchte ja damit erreichen, dass sie sich erinnert, an jenen Moment des Schocks beim Roggenbrot essen. Ihre Seele möchte, dass sie ihren inneren Frieden findet, indem sie sich mit dem Verlust und der Trauer von damals nochmal auseinandersetzt.

Wenn ihr Unterbewusstes den Schmerz gegen die damalige Erfahrung heilt, ist auch der damit verknüpfte Kampf des Körpers gegen den Roggen, der ja nur eine Projektion war, beendet.

Wie man sieht muss also zuerst der Geist geheilt werden, bevor die Allergie verschwinden kann. Eine doppelblinde Studie aus Norwegen zeigt: Essen Betroffene mit einer Glutenunverträglichkeit ohne ihr Wissen glutenhaltige Lebensmittel, merken es die wenigsten.

Körper ist gleich Geist, Geist ist gleich Körper

Eine kürzlich veröffentlichte Studie bestätigt dies, dass der Körper von Betroffenen unter Narkose keine allergischen Reaktionen zeigte.

Sprechstunde "Krankheiten lesen lernen"

Asthma

Asthma ist eine Krankheit, die eine chronische Entzündung der Atemwege mit dauerhaft bestehender Überempfindlichkeit verursacht. Entzündete Atemwege sind empfindlich und erschweren das Atmen.

Häufige Asthmasymptome sind Atembeschwerden, Keuchen, Husten und Engegefühl in der Brust.

Für Asthma gibt es offiziell keine Heilung

Ärzte identifizieren die Faktoren, die bei jedem Patienten asthmatische Anfälle oder Symptome auslösen, und helfen ihnen, diese Faktoren zu vermeiden. Ärzte verschreiben auch Medikamente einschließlich Inhalatoren, um die Krankheit zu verwalten.

Während es wichtig ist, den Anweisungen des Arztes zur Behandlung von Asthmaanfällen zu folgen, gibt es einige natürliche Möglichkeiten, wie du diese Behandlung zu Hause ergänzen kannst.

Bei schwerem Asthma wird die Luft, die sowohl den Sauerstoff für den physischen Körper als auch die für das Funktionieren der physischen Vorgänge im Körper notwendige Lebensenergie ausgesperrt. Das heißt:

Bei Asthma besteht eine ängstliche Verkrampfung

Ein Gefühl des nicht Wollens, des sich nicht sicher Fühlens, sich nichts Zutrauens, der Angst sich dem Leben oder anderen zu öffnen.

Fragen zur Selbstprüfung:

• Wie groß ist dein JA zu deinem Leben?

• Was nimmt dir die Luft bzw. durch welche Gedanken und Einstellungen nimmst Du dir selbst die Luft zum Atmen?

• Wovor hast Du Angst?

• Was möchtest Du festhalten, nicht ändern?

Asthma Erfolgsgeschichte

Mechthild schreibt in meiner Facebook Gruppe: "20 Jahre war ich selbst mit allergischen Reaktionen betroffen, in Form von einer Urtikaria (Nesselsucht, Ödemen), später auch allergisches Asthma. Die hochdosierten Medikamente brachten nur kurzzeitig Besserung. Es hat sich dann in klärenden Meditationen herausgestellt, dass ich eine Allergie gegenüber dem Leben hatte, die schon in der Schwangerschaft meiner Mutter vorhanden war. Das heißt der Embryo und das Kind von früher haben gespürt, hier bin ich nicht willkommen, also will ich auch nicht leben. Diese Ablehnung gegenüber dem Leben hat mir mein Körper über diese Krankheit gezeigt und mir bewusst gemacht. Es hat mir sehr geholfen die verschiedensten Gefühle, die mit dieser Ablehnung verbunden waren, wie Wut, Angst und Trauer wahrzunehmen, anzunehmen und zu fühlen.
Seit mehreren Jahren hat sich kein Symptom gezeigt, weil ich mein Leben angenommen habe."

Wie Abnehmen dauerhaft gelingt – ohne weniger essen zu müssen

Die Zahl der Menschen, die mit Übergewicht zu tun haben, ist größer als je zuvor.

Davon kann man natürlich einiges auf eine nicht ausgewogene Ernährung schieben, aber eben nicht alles.

Wir alle wissen, was man dem schwergewichtigen Freund rät, der sich über seine Speckröllchen beschwert. Iss weniger.

Iss gesünder. Iss mehr Obst, weniger Fastfood. Mach mehr Sport und verbrenne doch einfach mehr Kalorien als du zu dir nimmst.

Der Abnehm- und Ernährungsmarkt boomt und wie schon der "Stern" vor einem Jahr titelte, ist die Ernährung zur „neuen Religion" geworden. Immer wieder neue Methoden und Programme, mal ist das eine gesund, dann wieder was anderes. Und langfristigen Erfolg mit all diesen Methoden haben nur die wenigsten.

„Diäten machen nur schlechte Laune, führen zu Fressattacken und Frust, was wiederum dick macht", sagt Patric Heizmann, Ernährungscoach, Fitnesstrainer und Bestsellerautor.

Wie entsteht Übergewicht?

Als Experte für Selbstheilung gehe ich das Thema ganz anders an: Ist nicht die Frage viel mehr:

Was steht dahinter? Warum glaubt ein Teil in dir, dass du „mehr" brauchst, als gut für dich ist? Bei meinen Recherchen konnte ich folgendes feststellen: Die Personen waren voller Emotionen und Gefühle, die bisher nicht angenommen worden waren.

Übergewicht - ein Beispiel

Eine Frau hatte schon seit Kindheit mit Übergewicht zu „kämpfen". Diät nach Diät. Egal was sie tat, selbst wenn sie das essen zeitweise beinahe ganz einstellte... es half nichts. In einem vertieften Gespräch stellte sich heraus, dass sie dieses Thema von ihrem Vater übernommen hatte. Die gesamte männliche Seite der Familie litt an Übergewicht.

Ihr Verhältnis zu ihrem Vater - hier lag die Ursache verborgen

Sie sagte: Mein Vater wollte einen Sohn. Somit hatte sie den Wünschen ihres Vaters entsprochen. Sie hatte sich stets wie ein Sohn benommen und hatte ihre männliche Seite ausgelebt. Und damit auch die männlichen Themen der Familie. Sie konnte erkennen, dass ihr Vater stets Schwierigkeiten hatte, Gefühle zu zeigen und diese auszudrücken. Dann fiel ihr auf, dass es bei ihr ebenso war. Angefangen bei der "Angst", als Tochter nicht zu genügen, hatten sich hier über 40 Lebensjahre hin eine große Vielfalt an Gefühlen jeder Art aufgestaut. Diese lagerten sich wortwörtlich auch an ihrem physischen Körper ab. Sie war unsicher, konnte nicht zu ihrer Weiblichkeit stehen und nicht für sich selbst sprechen. Ihr inneres Kind war ebenso eingehüllt in eine riesige „Schutzschicht" aus Fett.

Lösungsansatz - Fühlen

Sie fühlte sich in die Gefühlswelt des inneren Kindes hinein und übte Vergebung mit ihrem inneren Kind, ihren weiblichen Energie und ihrem Vater. Sie transformierte all die angestauten Energien ihrer Gefühlswelt.

Auch hinter Übergewicht stecken Blockaden, oft die Verletzung des inneren Kindes, alte Glaubens- und Gedankenmuster.

Wie im oben beschriebenen Fall, haben wir häufig alte Emotionen und Gefühle nicht gefühlt und damit nicht losgelassen/transformiert. Sie sind UNVERDAUT.

So kann man sagen, lagert sich durch diese unverdauten Energien im Körper dann ebenso physisch das unverdaute Fett an. Es bleibt natürlich, dahinter zu schauen, um welche Themen es sich bei dem Betroffenen handelt. Diese können sehr vielfältig und vielschichtig sein.

Hier eine Liste mit Beispielen für mögliche Ursachen:

• Familiär „Weitervererbte" Themen, die von Vater oder Mutter mit übernommen wurden

• Der bekannte „Schutzpanzer", wenn man sich unbewusst vor Angriffen schützen will. Auch aufgebaut nach traumatischen, schmerzvollen Erfahrungen in der Vergangenheit. Auch: Wo befinde ich mich in einem Umfeld, in dem ich mich ausgeliefert und schutzlos fühle?

• Flucht vor Gefühlen jeglicher Art

• Innere Leere, die kompensiert werden möchte

- Mangelgefühl, das gespürt werden möchte. Oft von früherer Erfahrung realen Mangels geprägt.

- Wo fehlt dir eventuell die Fülle im Leben?

Ein ungleiches Gewicht hat oft mit dem Satz zu tun: „Wo fehlt die Süße in meinem Leben?" Hierfür wird dann unterbewusst versucht zu kompensieren.

- Alte Glaubensmuster, wie ich könnte übersehen werden

- Belohnung (wie beim kleinen Kind, nachdem man etwas gut gemacht oder hart gearbeitet hat)

Auch das Abnehmen beginnt beim Annehmen.

Was kannst und darfst Du dir innerlich 'abnehmen?'

Durch die Schwere hindurch zur Leichtigkeit

Das Leben vieler übergewichtiger Menschen fühlt sich allerdings oft alles andere als leicht an. Wir gelangen jedoch nicht zur Leichtigkeit, wenn die Schwere abgelehnt und bekämpft wird. Wer in Zukunft ein Leben in Leichtigkeit erschaffen und leben will, darf sich fragen: Will ich die Schwere in meinem Leben und in meinem Körper bewusst wahrnehmen, bejahend fühlen und erkennen, dass ich es selbst erschaffen haben. Danach darf die Schwere anerkannt, gewürdigt und dann liebevoll entlassen werden. Das heißt, der Weg in die Leichtigkeit, des Körpers oder des Lebens, führt immer durch die Annahme der Schwere hindurch.

schwere Lasten

Wem Ungutes widerfuhr – Verletzungen, Enttäuschungen, Demütigungen – der tut sich oft schwer zu verzeihen. Wir sagen hier, dass dieser Mensch nachtragend ist; er trägt auf seinem Körper oft große Gewichte, große Lasten, die schwer machen. Es sind die durch Verurteilung und Nicht-Vergebung selbst erzeugte Lasten.

Bewusstseinserweiterung der Schlüssel zur Selbstheilung

Wer sich die folgenden Fragen ehrlich beantwortet – am besten schriftlich – beginnt, sein inneres Wissen über sich und seinen Körper zu aktivieren.

Fragen zu Selbstprüfung:

Auf welche Weise habe ich schwierige Phasen meines Lebens überstanden?

Habe ich innerlich dicht gemacht, meine Gefühle nach innen verdrängt, mir vielleicht einen Schutzpanzer zugelegt gegen eine Umwelt, die ich oft als lieblos, feindlich und verletzend wahrgenommen habe?

Komme ich mir gefühlsmäßig im Leben oft ungeschützt und schwach vor. Wünscht sich mein Kopf oft Harmonie im Leben mit anderen Menschen, obwohl es in mir oft „kocht"? Sitze ich schwierige Situationen gerne aus, das heißt hoffe ich manchmal oder oft, dass sich offensichtliche Konflikte oder Probleme von selbst erledigen, ohne dass ich tätig werden muss?

Versuche bitte nicht, diese Fragen mit dem Kopf zu beantworten, sondern von dem inneren Gefühl heraus, also aus dem Bauch heraus.

Die seelischen Wunden warten auf Heilung

Denn wo die Angst vor erneuter Verletzung im Inneren vorherrscht, da ist die Verletzung im Geist, in der Vorstellung ja immer
schon geschehen – und aus dieser Vorstellung heraus erzeuge und
nähre ich den Schmerz im Innern immer wieder.

Süße Sachen als Ersatz für Liebe

Viele Menschen leiden unter dem Zwang, Süßigkeiten oder süße
Flüssigkeiten zu sich zu nehmen – besonders wenn es ihnen nicht
gut geht. Dies hat oft den Ursprung in der Kindheit, als wir ein
Bonbon oder anderes Süßes erhielten als Trostpflaster für Trauer
oder Enttäuschungen.

Seelischer Hunger

Die Süße in Nahrungsmittel, der Zucker, steht symbolisch für die
Süße des Lebens, nach der wir uns in seelischer Hinsicht sehnen,
die wir aber nur in Form erfahrener Liebe und Selbstliebe wirklich
nähren und sättigen können.

Fragen zur Selbstprüfung:

• Wurde ich als Kind von Mutter, Oma oder anderen oft mit Süßem
getröstet und vertröstet, wenn es mir nicht gut ging?

• Habe ich große Schwierigkeiten, mich selbst zu lieben und so anzunehmen wie ich bin?

• Sind meine Eltern oder einer von ihnen auch übergewichtig?

• Hatte Essen in meiner Herkunftsfamilie eine ganz wichtige Bedeutung, die mit Ernst und Zwang erledigt wurde?

• Musste ich zu Hause oft alles aufessen und solange sitzen bleiben, bis der Teller leer war?

Viele Menschen haben in Kindheit und Jugend Situationen erlebt, in denen sie sich klein, schwach und machtlos fühlten angesichts von Menschen, die sich ihnen gegenüber oft als dominant, übermächtig, bestimmend und Macht ausübend verhielten. Auf das hierdurch erzeugte innere Gefühl von Kleinheit und Machtlosigkeit folgten dann zusätzlich meist noch Gefühle der Scham und Ohnmacht.

All diese Gefühle wollen wir Menschen nicht wirklich fühlen und tun alles, um sie zu verdrängen. Wir wollen sie weghaben.

Das innere Kind

Was aber von uns früher immer wieder gefühlt wurde, sitzt uns buchstäblich in den Knochen oder im Fleisch und kann solange nicht aus uns weichen, bis wir uns dieser Gefühle bewusst angenommen, heißt, sie bewusst und bejahend gefühlt haben, damit sie unsere Zellen verlassen können. Es sind die Gefühle unseres inneren Kindes.

Pfunde ade

Es ist immer wieder faszinierend, zu beobachten, wie schnell Gewichtsverlust funktioniert, wenn man den seelischen Konflikt lösen konnte.

Moderne Ernährungsmedizin

Essen - Bewegung - Denken

Hier das Beste aus allen Studien: Aus Hunderten Studien lässt sich ein Kompass erstellen, der zwischen all den Ernährungsmythen und Halbwahrheiten die Richtung weißt.

· Ernährung

Naturbelassen essen

Im Jahr 2012 löste Dr. Ron Weiss die meisten seiner Ersparnisse auf. Er kaufte eine 138,4 ha große Farm im ländlichen Long Valley, New Jersey. Dr. Ron Weiss ist Assistenzprofessor der klinischen Medizin der New Jersey Medical School und Gründer von Ethos Health, der ersten farmbasierten medizinischen Praxis des Landes. Als Kind liebte Weiss die Wissenschaften und die freie Natur. Er träumte davon, eines Tages seine eigene Gesundheitsfarm zu haben.

Mit kluger Ernährung heilen

Als Student der Rutgers-Universität entschied er sich für Botanik als Hauptstudium. Er machte seinen Abschluss an der George-Washington-Universität und begann als Arzt der Notaufnahme des Cedars Sinai Medical Center in Los Angeles zu arbeiten. Und genau dort geschah etwas, das den Verlauf seines Lebens ändern sollte. "Ich erhielt die Nachricht, dass bei meinem Vater Bauchspeicheldrüsenkrebs diagnostiziert wurde und er nur noch einen Monat zu leben hatte," sagte er. "Der Krebs hatte auf seine anderen Organe gestreut, sein Arzt sagte ihm, dass Chemotherapie nur wenig bis gar keine Chance hätte, seine Tumore schrumpfen zu lassen.

So entschied er sich gegen die Behandlung und ging nach Hause, um sich auf den Tod vorzubereiten. Ich kündigte meinen Job in Kalifornien und kehrte zurück nach Hause, um bei ihm zu sein." Dies war lange bevor das Internet einfach und zugänglich war.

Als er nach Hause kam, ging Dr. Weiss in die örtliche Bibliothek um nach alternativen Behandlungen zu suchen, um seinem Vater zu helfen. Weiss hatte einen Vorteil – seine botanische Ausbildung. Er erklärte, "Ich studierte immer die Widerstandskraft der Pflanzen und ihre Fähigkeit, unter optimalen Voraussetzungen ihre eigenen Krankheiten abzuwehren." Da mehr als ein Drittel aller Pharmazeutika von Pflanzen abgeleitet werden, interessierte sich Weiss immer dafür, wie die geballte Kraft von Pflanzen, und nicht nur Extrakte, Krankheiten rückgängig machen und vorbeugen können.

Nahrung liefert nicht nur Energie, sondern auch Informationen und Anweisungen an unsere Zellen. "Ich stieß dann auf einige Geschichten, wie Menschen Erfolg mit einer makrobiotischen Diät als einer alternativen und komplementären Krebstherapie hatten." Er stellte seinen Vater auf die makrobiotische Ernährung von Michio Kushi um. Kushi ist ein japanischer Ernährungswissenschaftler, wichtiger Vertreter der Makrobiotik in den Vereinigten Staaten und Autor zahlreicher Bücher.

"Es war eine pflanzenbasierte Ernährung. Da erkannte ich, dass der Zusammenhang zwischen Ernährung und Gesundheit so mächtig war und dass ich etwas tun wollte, das die heilenden Kräfte von guter Nahrung mit integrierte." Dr. Weiss erkannte, dass es an der Zeit war, sich von dem traditionelleren Rahmen loszulösen und ein neues Modell der medizinischen Pflege zu erschaffen.

Mehr Pflanzliches und weniger Tierisches

Heutzutage fliegen und fahren Patienten meilenweit, um den medizinischen Rat von Dr. Weiss zu erfragen. Er praktiziert inmitten einer 275 Jahre alten Farm. Sein „Wartezimmer" erstreckt sich auf die Felder, wo Patienten wadenstärkende Kniebeugen machen können, während sie Biogemüse, pflanzliche Proteine in Form von Linsen, Bohnen, Nüsse oder chinesische Heilpflanzen aufheben.
Eine Patientin, die 50-jährige Joyce Barrier, kommentierte, dass „es sei ein passender Ort für ganzheitliches Heilen".

Das Problem, mit dem die Naturheilkunde mit ihren Erzeugnissen zu kämpfen hat, ist, dass es für sie keinen richtigen gesetzlichen Rahmen gibt. So streitet man sich darüber ob, es überhaupt wirksame Naturheilmittel gibt und wenn, ob diese nun ein Lebensmittel sind oder doch Medikamente. Im Moment fallen fast alle Naturheilmittel in die Lebensmittel-Schiene und werden als „Nahrungsergänzungsmittel", „Superfoods" und mit ähnlichen Begriffen in Verkehr gebracht.

Die Pharmaindustrie hat kein Interesse daran, dass es natürliche Heilmittel gibt, welche man selbst im Garten anbauen könnte, denn so lässt sich kein Geld verdienen. Und schlimmer, man könnte ja sogar gesund werden und dann ließe sich überhaupt kein Geld mehr verdienen. Aber die Pharmaindustrie hat mittlerweile einen Gegner bekommen, die Lebensmittel- Industrie, welche die Gesundheit für sich entdeckt hat. Sie möchten gerne ihr „functional food" (Essen mit Funktion) auf den Markt bringen.

Bewusstseinswandel

Noch nie waren die Gesellschaften des Westens so gut informiert über Ernährung. Viele körperliche Symptome und Krankheiten können mit gezielten Ernährungsstrategien deutlich verbessert und sogar geheilt werden.

Was Du isst, hat einen direkten Einfluss auf deine gesamte Gesundheit

Leider gibt es trotz „moderner" Ernährung einen Anstieg an ungesunden Säuregehalten in den meisten Körpern. Ein übermäßig saurer pH-Wert führt zu einem Verfall der Zellen, was letztlich ernsthafte gesundheitliche Auswirkungen mit sich bringt. Vieles was man im Supermarkt kaufen kann, sind Nahrungsmittel ohne jeglichen Nährwert. Füllstoffe, die nur dem Geschmack und Gaumen dienen. Jedoch nicht dem Körper.

Es war Dr. Ann Wigmore, Gründerin des renommierten Hippocrates Health Institute in Florida, die sagte: "Unsere Ernährung kann entweder die sicherste und mächtigste Form der natürlichen Medizin sein oder die langsamste Form von Gift."

Entgiftung

Diesbezüglich führen auch die verschiedensten Gifte dazu, dass unser eigener Körper übersäuert, unser Immunsystem geschwächt wird, unser Zellmilieu geschädigt wird und wir letztlich krank werden.

In unserer heutigen Welt entspricht es dabei schon der Normalität an einer chronischen Vergiftung zu leiden. Unzählige Supermarkt-Fertiggerichte, Fastfood, Zucker, Weißmehlprodukte, Lebensmittel die mit chemischen Zusätzen angereichert werden, künstliche Aromen und Farbstoffe.

Diese ganzen Gifte, die wir uns tagtäglich zuführen hemmen natürlich auch die Entfaltung unserer eigenen Selbstheilungskräfte und sind Auslöser unzähliger Entzündungen im Körper.

Das eine rein gesunde Ernährung sehr schwer möglich ist, zeigt auch eine Untersuchung der Harvard University: Vor der Einführung des Fernsehens waren Essstörungen auf den Fidschi-Inseln kaum bekannt, erst nach dem Sendestart 1995 verbreiteten sie sich rasant. Zur Stabilisierung des eigenen Immunsystems ist es ratsam sich von all diesen Giften zu befreien. Hierzu eignen sich perfekt verschiedene Entgiftungskuren.

Fasten

Fastenphasen wirken bei uns wie die Inspektion beim Auto. Zellen werden repariert und verjüngt. Ich unterscheide dabei zwischen Intervallfasten und Heilfasten.

• Intervallfasten (8 - 16 Formel)

Es ist nicht nur wichtig was wir essen, sondern auch wann. Kalorien werden unterschiedlich verwertet, je nachdem zu welcher Tageszeit wir die Nährstoffe aufnehmen.

Eine einfache Methode besteht darin, nur innerhalb bestimmter Zeitfenster (8 Stunden) zu essen, etwa zwischen 10 und 18 Uhr und dann 16 Stunden zu fasten.

• Heilfasten

Eine kürzlich an der Universität von Südkalifornien durchgeführte Forschung hat herausgefunden, dass das Fasten für drei Tage unser Immunsystem komplett regenerieren und uns resistenter machen kann. Prof. Valter Longo empfiehlt die Kur zwei Mal im Jahr.

Im Wesentlichen wirkt Fasten als eine Art von Entgiftung, Ausräumen des Alten, so kann es durch das Neue ersetzt werden. Die Forscher sagen, dass das Ergebnis im Wesentlichen die Bildung eines vollständigen neuen Immunsystems ist.

Die Zuckerfalle

Wie wirkt Zucker wirklich?

Zucker beinträchtigt bewiesenermassen die Leistungsfähigkeit des Immunsystems. Wenn das Immunsystem geschwächt ist, haben Bakterien, Viren, Pilze und Parasiten leichtes Spiel.

Tricks der Nahrungsmittelindustrie

Der Spiegel berichtet in Heft 15/2018 mit der Überschrift "Süßes Gift: Wie die Zucker-Lobby uns belügt und verführt", dass Kinder, Eltern und alle Verbraucher sich einer verantwortungslosen Zuckerlobby ausgeliefert sind, die absichtlich Verwirrung schafft und überzuckerte Ware als gesund verkauft.

Die Nahrungsmittelindustrie setzt drei von vier Produkten Zucker zu. Auf diese Weise verzuckert sie die moderne Ernährung.
Folge: Wir werden träge, müde, depressiv, innerlich unausgeglichen und berauben uns so tagtäglich unserer eigenen Lebensenergie.

2000 Ärzte plädieren für eine Zuckersteuer

Zum Schutz der Menschen vor ungesunder Ernährung appelieren 2000 Ärzte in einem offenen Brief an die Bundesregierung verbindliche Vorgaben zu machen. Die Unterzeichner, darunter auch Arzt und TV-Moderator Eckart von Hirschhausen sprechen sich für eine Zuckersteuer aus, verständliche Kennzeichnungen, Werbeverbote und Standards für die schul- und Kitaverpflegung aus. Nur damit könnten auch bildungsferne Schichten erreicht werden heißt es - Aufklärung allein reiche nicht.

Wasser als Medizin

Der Mensch ist buchstäblich ein Wasserwesen. Der Wassergehalt einer menschlichen Eizelle beträgt ca. 99 Prozent. Bei unserer Geburt liegt der Körperwasseranteil bei ca. 90 Prozent, bei einem gesunden Erwachsenen bei ca. 70 Prozent.

In Anbetracht, dass der Mensch aus mindestens 70 Prozent Wasser besteht, hat seine Einnahme weitreichende Folgen.

Aus diesem Grund ist es sehr empfehlenswert Wasser zu energetisieren, zu informieren.

Alleine schon positive Gedanken können beim trinken des Wassers dafür sorgen das seine Qualität stark verbessert wird. Eine andere Möglichkeit wäre das Wasser mit Heilsteinen zu energetisieren.
Die Kombination von Bergkristall + Amethyst + Rosenquarz eignet sich hierfür sehr gut. Dadurch kann die Qualität des Wassers sogar so stark beeinflusst werden, sodass dieses fast schon "frischem Bergquellwasser" ähnelt.

Da Wasser buchstäblich der Grundbestandteil unseres Körpers, unserer Organe und unserer Zellen ist, ist eine ausreichende Wasserversorgung die Grundlage für unsere Gesundheit, Vitalität und Selbstheilungskraft.

Wasser Experiment belegen positive Wirkung

Wasser ist ein Element das extremst auf die Gedanken eines Menschen reagieren. Der japanische Alternativmediziner Dr. Masaru Emoto fand indiesem Zusammenhang heraus, dass der strukturelle Zustand von Wasser verändert werden kann.

Negative Umgebungen, Informationen und Gedanken verändern zum Beispiel die Struktur der einzelnen Wasserkristalle, sorgen dafür, dass diese unsymmetrisch werden. Das Wasser verliert so an Lebensenergie und dessen Struktur geht kaputt.

Wasser versteht uns

Durch Ärger und Wut verschmutzen wir unser eigenes Wasser im Körper, was zu Krankheiten führt. Positive Gedanken verbessern wiederum die Struktur von Wasser und sorgen dafür dass unsere Lebensenergie wieder hergestellt wird.

Eine weitere interessante Gesundungsmethode ist drei Gläser reines Trinkwasser unmittelbar nach dem Aufstehen zu trinken. Auch ist der gesundheitliche Wert als positive Wirkung auf die Gesundheit, bereits von der Wissenschaft bestätigt. In Japan kennt man diesen Gesundheits-Trick schon lange: Jeden Morgen Wasser trinken.
Es ist ebenso einfach wie wirkungsvoll.

Denn nicht umsonst werden die Menschen in Japan so alt, wie kaum andere auf der Welt. Eine japanische medizinische Vereinigung hat die Wirkung bestätigt. Jeder kann diese Wassertherapie anwenden. Als gesunder Mensch hilft sie einem gesund zu bleiben, erkrankten Menschen hilft sie ihr Leiden zu lindern.

Richtig und genügend Wasser zu trinken, dabei gesund und aktiv zu leben, ist eine der Möglichkeiten, die unser Leben drastisch verbessern kann.

Die Kernbotschaft: Als Initialzündung für eine Veränderung zu einem gesundheitsbewussteren Leben mit all seinen Vorteilen reicht schon ein Tag pro Woche ("Der perfekte Tag") aus, sagt Patric Heizmann einer der bekanntesten Ernährungs- und Fitnessprofis Deutschlands.

Prinzip des perfekten Tages

Bestseller-Autor („Ich bin dann mal schlank") Patric Heizmann beschreibt den perfekten Tag wie folgt: "Das soll ein Tag sein, an dem du dich bewusst an bestimmten Regeln zu Ernährung und körperlicher Aktivität orientierst. Und dabei handelt es sich erst mal wirklich nur um einen Tag pro Woche. Schon bald wirst du allerdings bemerken, wie gut dir dieser Tag tut. Und automatisch wirst du bestimmte Bestandteile des „perfekten Tages", die dir besonders leichtgefallen sind, auch in die anderen Tage integrieren – mal mehr und mal weniger. Damit veränderst du bestimmte Gewohnheiten, ohne dich zu hart disziplinieren zu müssen. Es geht hier nicht um Zwänge, sondern darum, für dich selbst herauszufinden, was dein Körper braucht, um gesund und zufrieden zu sein."

Eine radikale Ernährungsumstellung hat keinen Erfolg. Rückschläge sind programmiert, da Essen immer nach Gewohnheiten abläuft. Beginne deshalb mit einem perfekten Ess-Tag in der Woche und versuche dauerhaft auf drei Tage wöchentlich zu kommen.
Nach einigen Wochen wird die neue Ernährung zur Gewohnheit, der Hunger auf Süß geht zurück. Ausnahmen darf es weiter geben, wenn es Ausnahmen bleiben."

Fragen zur Selbstprüfung:

Was esse ich heute? Wie bin ich in Bewegung? Habe ich zwischen durch auch mal Ernährungspausen gemacht? (4-6 Stunden)

Schädliche Fabrik-Vitamine

Zeit ist heutzutage ein knappes Gut geworden. Viele Menschen bekommen eine gesunde Ernährung und ihren stressigen Tagesablauf nicht mehr unter einen Hut.

Daher greifen immer mehr Menschen zu Vitamin- und Mineralstoffpräparaten, um ihre ungesunde Lebensweise zu kompensieren. Doch kann unser Körper diese Pülverchen und Pillen überhaupt verwerten?

Im Labor erzeugte Vitaminpräparate, welche wir in Drogerien, Supermärkten und Apotheken zu kaufen bekommen, erhalten schädliche Zusatzstoffe und Chemikalien.

Künstliche Zusätze unterliegen in der Herstellung einem nur geringen Kostenaufwand.

Unser Körper lässt sich jedoch nicht überlisten und er weiß genau welche ihm zugeführten Vitamine, künstlichen und welche natürlichen Ursprungs sind.

Viele Menschen glauben, dass künstlich hergestellte Stoffe die gleiche chemische Struktur haben wie natürliche. Das ist jedoch nicht ganz richtig. Manchmal werden an die natürliche Struktur eines Stoffes zusätzliche Elemente gehängt oder Elemente ausgetauscht.

Es kann auch sein, dass die Grundbausteine der natürlichen Stoffe bei den synthetischen in einer etwas anderen Reihenfolge miteinander verknüpft sind.

Doch selbst solche geringen Unterschiede merkt unser Körper. Natürliche Nahrungsergänzungsmittel können daher ideal vom Körper verwendet werden, ohne negative Nebenwirkungen mit sich zu bringen.

Ein Ungleichgewicht ist logischerweise immer schlecht für die Gesundheit - Chemikalien in Vitaminpräparaten

Ein weiterer negativer Punkt herkömmlicher Vitaminpräparate, die mittlerweile nicht mehr nur in Apotheken, sondern auch in Supermärkten und Drogerien erhältlich sind, sind die schädlichen Zusatzstoffe und Chemikalien, die sich in den Pillen oder Pulvern verstecken können. Man muss nur einmal einen Blick auf die Inhaltsstoffe werfen. Doch meist versteht man erst gar nicht, was sich hinter den chemischen Namen und E-Nummern nun wirklich versteckt.

Beispiel: Süßstoffe in Vitaminen

Häufig findet man in Vitaminpräparaten künstliche Süßstoffe wie Cyclamat(E 952) oder Aspartam (E 951), welche seit langem für ihre gesundheitsschädlichen Nebenwirkungen bekannt, aber dennoch erlaubt sind.

Beispiel: Aluminium in Vitaminen

Aluminiumsalze wie beispielsweise Natriumaluminiumsilikat (E 554) werden in Vitaminen und Nahrungsergänzungen oft als Trennmittel verwendet. Diese können jedoch zu einer Aluminiumbelastung im Körper führen. Man sollte beim Kauf von Vitaminen und Nahrungsergänzungen daher unbedingt einen Blick auf die Packungsbeilage werfen. So wenig Zusatzstoffe wie möglich.

Hersteller von natürlichen Vitamin- oder Mineralstoffpräparaten achten prinzipiell darauf, so wenige Zusätze wie möglich zu verwenden. Daher gilt: Je weniger Farbstoffe, Konservierungsstoffe, Aromen, Füllmittel oder Trennmittel enthalten sind, umso besser.

• Bewegung

Ausreichend Bewegung (Empfehlung 10.000 Schritte pro Tag) zur Stabilisierung des eigenen Immunsystems und vor allem zur Erhöhung unserer eigenen Selbstheilungskräfte ist ein sehr wichtiger Aspekt der gerne außer Acht gelassen wird.

Eine sehr einfache Methode, sich zu bewegen, ohne sich gleichzeitig besonders anstrengen zu müssen, ist das Rebounding, zu Deutsch: Das Schwingen auf dem Minitrampolin.

Kurzes und knackiges Intervalltraining:
Hammelmann, Kniebeugen, Liegestütze und kurze Sprints

Eine weitere: Waldbaden

Kaum etwas eignet sich so gut zum Abschalten und Auftanken wie ein Spaziergang im Wald. Japanische Forscher entdeckten jetzt die positiven Wirkungen von Waldspaziergängen in der Natur. In Japan nennt sich die Selbstheilungstherapie in der Natur „Waldbaden." Damit ist das "Eintauchen" in die Umgebung Wald gemeint, was sich positiv auf Herz, Immunsystem und Psyche auswirkt.

Der Wald als Arzt und Erholungsraum für die Seele

Dabei reichen täglich schon fünf Minuten, um unseren täglichen Stress abzubauen. Ein Waldspaziergang vermag jedoch viel mehr, als nur der Entspannung zu dienen. In mancher Hinsicht, das belegen Studien, bietet er sogar einen ähnlich großen gesundheitlichen Nutzen wie schweißtreibender Sport.

Und am stärksten ist der entspannende Effekt, wenn die Zeit im Grünen in der Nähe von Wasser verbracht wird. „Waldluft" ist ein Heiltrunk zum Einatmen", schreibt Clemens G. Arvay in seinem Buch „Der Biophilia-Effekt", das erstaunliches Wissen und Übungen zur Interaktion von Mensch und Wald zusammenträgt.
Bereits zwei Waldspaziergänge pro Woche steigern unsere Abwehrkräfte um etwa 50 Prozent.

Kraftinseln

Noch nie waren Kraftinseln in der Natur so wertvoll für uns wie heute.

Der hektische Alltag, ständig steigender Leistungsdruck im Beruf, Mehrfachbelastungen und Zeitnot fordern uns immer mehr. Burnout oder ein ständig geschwächtes Immunsystem sind einige von vielen Zeichen dafür, dass es höchste Zeit ist, abzuschalten und neue Kraft zu tanken. Eine Kraftinsel oder ein Kraftplatz ist ein Ort, an dem deine Psyche mit der Natur verschmilzt. Klarheit, Zuversicht, Stärke oder einfach nur Erfrischung für Körper, Geist und Seele. Diese Orte finden sich verborgen in Wäldern, auf Bergen, an Seen, an sprudelnden Quellen oder auf freier Landschaft.

Waldmedizin

Waldspaziergänge sind wie Medizin. Die Ergebnisse der jüngsten Forschungen werden in Japan derart ernst genommen, dass an verschiedenen japanischen Universitäten ein eigener medizinischer Forschungszweig gegründet wurde: „Forest Medicine" oder „Waldmedizin" – eine Forschung, die an eine aus der traditionellen Heilkunst bekannte Therapie anknüpft: das sogenannte Shinrinyoku (Waldbaden).

Aus diesem Grund ist es sehr ratsam ausreichend Bewegung in den eigenen Alltag mit einzubauen, der eigene Körper wird es einem danken.

• Denken

Wir Menschen vergiften uns selbst...

Natürlich ist auch eine schlechte Ernährung auf den eigenen Geist zurückzuführen.

Letztendlich sind wir selbst verantwortlich, dass wir Menschen uns permanent selbst vergiften. Diverse selbst erschaffene Gedanken, Gefühle, Glaubenssätze und festgefahrene Denkmuster sind es, die unsere eigene körperliche Konstitution kontinuierlich schwächen und dabei unsere eigene Selbstheilungskraft herabsenken.

Eine jede Erkrankung wird zuerst in unserem Bewusstsein geboren.

So stellt der übermäßige Konsum von Zucker immer auch eine Ersatzbefriedigung dar, für die Süße des Lebens, das "sich geliebt fühlen".

Beispiel - Diabetes

Grundsätzlich ist bei beiden Diabetes Typen (1 + 2) das Problem dasselbe: Es kommt zu wenig oder gar kein Zucker aus dem Blut in die Körperzellen. Die Körperzellen jedoch benötigen diesen Zucker, um ihn in Energie umzuwandeln. Dabei steht Zucker symbolisch für das Süße im Leben, für die Liebe. Die Botschaft dieser Zellen ist: "Wir wollen diesen Zucker nicht mehr"

Die Körperzellen machen sich hier zum Sprachrohr der Seele, die es nicht länger erdulden mit Zucker abgespeist zu werden, anstatt die zuckersüße Liebe zu fühlen, die uns umgibt.

Der Diabetiker erlaubt sich nicht diese Liebe zu fühlen.

So ist der Geistheilungsansatz um Diabetes zu heilen: Wir müssen die Ursachen herausfinden und auflösen, die den Betreffenden daran hindern diese Liebe zu fühlen.

Die Krankheit Diabetes zwingt den Betroffenen radikal aufzuhören mit dem Muster, Süßigkeiten/Zuckergenuss als künstlichen Ersatz für Liebe zu benutzen. Nun muss der Zuckergenuss genauestens kontrolliert werden mit Messgeräten und Kalorientabellen. Dies ist die Botschaft der Krankheit. Lebe die Süße deines Lebens nicht über Zuckerkonsum aus. Deine Seele will mehr vom Leben als ein Zuckerriegel nach dem anderen. Mit dieser Vorbetrachtung ist nun leicht zu sehen, wie das Diabetes verursachende geistige Programm lautet: Ich bekomme von oder aus meiner Umgebung zu wenig, keine Liebe in mein Herz.

Es handelt sich bei Diabetes um ein Liebe Mangelprogramm

Betrachtet man die Kindheit des Diabetes erkrankten, so finden sich hier unverarbeitete Liebesmangelerlebnisse wie beispielsweise wenn ein Kind zuerst sehr von den Eltern geliebt wurde, dann aber später ein jüngeres Geschwister hinzu geboren wurde, und sich nun die Liebe der Eltern mehr auf das Neugeborene verschoben hat. Wenn das ältere Kind dies nun als Liebesmangelsituation erlebt und nicht ausreichend verarbeitet hat, kann dies auf der geistigen Ebene eine Hauptursache für Diabetes sein. Das Kind glaubt dann möglicherweise (unbewusst) es hätte etwas falsch gemacht oder es hätte die Liebe der Eltern nicht mehr verdient, und erlaubt sich dann als nachfolgendes Lebensmuster nicht mehr diese Liebe zu spüren.

Zur Auflösung gibt es viele Methoden, von Meditationen, bis hin zu Rückführungen in die frühe Kindheit oder Heilaffirmationen.

Hier ein paar allgemeine Affirmationen zur Unterstützung der Diabetes Heilung.

Sie zeigen auf, in welche Richtung Diabetes Betroffene umdenken müssen. Und umdenken ist notwendig, denn seine alte Art zu denken hat ihn in die Situation gebracht in der er steckt. Er muss also umdenken, sich neue Glaubenssätze zulegen. Er muss seinen Glauben ändern. (Man beachte das Jesus Zitat: Dein Glaube hat dich geheilt!)

Hier ein paar Sätze für einen neuen Glauben - beginne mit:

Ich fühle…

• Ich fühle die Liebe der Welt in meinem Herzen.

• Ich fühle die Liebe von meinem Vater in meinem Herzen.

• Ich fühle die Liebe von meiner Mutter in meinem Herzen.

• Ich fühle die Liebe von meiner Schwester, meinem Bruder in meinem Herzen.

Wenn du diese Wahrheit in deinem Herzen fühlst, bist du auf der geistigen Ebene bereits von Diabetes geheilt. Dann kann der Körper mit seinen Selbstheilungskräften beginnen die erkrankten Zellen zu heilen oder zu ersetzen.

Gesund Älter werden

Eine Ernährung die reich an Obst, Gemüse, pflanzlichem Eiweiß und Omega-3-Fettsäuren ist, ist die mächtigste Art, die Fähigkeit des Körpers zu fördern, länger jung zu bleiben und sich selbst zu heilen.

Iss dich jung

Treffe daher deine Nahrungsaufnahme auf der Basis der besten Erkenntnisse, die dir zur Verfügung stehen. Ich jedenfalls habe es so gemacht und versichere: der Genuss kommt nicht zu kurz.

Aber Vorsicht: So wichtig und sinnvoll eine gesunde und bewusste Ernährung auch ist, umso weniger findet erfahrungsgemäß jedoch dabei eine Auseinandersetzung mit dem eigenen Leben und den bislang noch verdrängten Gefühlen statt.

Es besteht immer die Gefahr, dass durch überwiegend theoretische und wissenschaftliche Ernährungsberatung, die Betroffenen nur an der Oberfläche ihres eigentlichen Problems verhaftet bleiben und sich dabei ausschließlich auf körperliche Ereignisse fixieren.

Ein Bewusstsein dafür zu entwickeln, dass es in Wirklichkeit keine Trennung zwischen Körper (Physis) und Seele (Psyche) gibt, kann äußerst hilfreich auf dem Weg der Selbsterkenntnis sein und dabei auch eine Menge an kostbarer Lebenszeit sparen, die wir meist mit der Suche nach (un)gesunden Nahrungsmitteln verbringen.

Beilage Angst

Überprüfe zum Schluss noch einmal deine Beweggründe, rundum gesund zu essen.

Es kann sein, dass sie auf der Angst vor Krankheiten basieren.

Gesunde Ernährung ist für viele mittlerweile zu einer "Ersatzreligion" geworden.

„Bloß kein Zucker und nur noch vegan."

Doch dann essen wir jeden Tag aus Risiko vor Ungesundem, eine Beilage Angst. Diese Aufregung tut unserer Seele und unserem Geist, nicht gut. Denn Krankheiten entstehen oft nicht nur durch falsche Ernährung, sondern vor allem durch inneren Stress unserer negativen Gedanken.

Oft dient die Nahrungssuche auch um von den zu lösenden Problemen abzulenken.

Gute Nahrung unterstützt uns, aber löst nicht eine Unverträglichkeit. Denn wird eine Gefunden und versucht zu lösen, geht eine andere an anderer Stelle auf.

Das ist wie mit den Operationen: Es wird etwas wegoperiert, doch das Problem bleibt und ein anderes Organ wird krank und das Spiel beginnt von Vorne.

Ständige Kritik am Essen und an unserem Körper zeigen, wie sehr wir uns selbst verurteilen.

Und mangelnde Wertschätzung und Liebe sich und seinem Körper gegenüber kann auch nicht durch eine moderne Ernährung repariert werden. Wo keine Liebe ist, wird auf Dauer nichts zusammenbleiben. Denn die Liebe selbst ist das entscheidende ‚Binde-Mittel‘, das die Dinge zusammenhält, gerade auch im Zellverband unseres Körpers.

Sprechstunde "Schmerzen lesen lernen"

Die Internationale Schmerzgesellschaft IASP (International Association for the Study of Pain) definiert Schmerz als ein "unangenehmes Sinnes- oder Gefühlserlebnis, das mit tatsächlicher oder potentieller Gewebeschädigung einhergeht oder von betroffenen Personen so beschrieben wird, als wäre eine solche Gewebeschädigung die Ursache".

Schmerzen können an allen Stellen des Körpers auftreten, es gibt:

• Bauchschmerzen

• Zahnschmerzen

• Rückenschmerzen

• Gelenkschmerzen

• Muskelschmerzen

• Sehnenschmerzen

• Nervenschmerzen

Die Schmerzempfindung kann akut auftreten oder allmählich zunehmen, sie wird aber stets individuell beschrieben.

Beispiel Rückenschmerzen

Rückenschmerzen sind zu einem der grössten gesundheitlichen Probleme in den westlichen Industrieländern seit der zweiten Hälfte des 20. Jahrhunderts geworden.

Einer von 5 Personen ist von Rückenschmerzen betroffen

Es ist eine regelrechte Epidemie. Heben die Menschen höhere Gewichte? Nein, Heben und Tragen spielen keine Hauptrolle bei dieser Erkrankung. Was ist dann die Ursache?

Sigmund Freud, Begründer der Psychoanalyse und einflussreichster Denker des 20. Jahrhunderts, vertrat als erster die These, dass aus primär seelischem Schmerz letztlich körperlicher Schmerz entsteht.

Der Schmerz wird quasi intuitiv aus dem seelischen Bereich in den Körper verschoben

Diese unbewusste Verlagerung des Schmerzes dient der Abwehr unerträglicher Gefühle. Trauer ist für viele Menschen ein solches Gefühl. Sie können den Schmerz, der dieses Gefühl hervorruft, nicht ertragen. Sie können mit einem erlittenen Verlust nicht umgehen und manchmal können sie ihn noch nicht einmal beweinen. Stattdessen verschieben sie den Schmerz - vollkommen unbewusst - in den körperlichen Bereich.

Auch andere intensive Gefühle, wie Angst, Gefühle der Wut oder starke Schuldgefühle werden häufig unbewusst in den Körper verlagert.

Durch das Verschieben der seelischen Konflikte findet eine (scheinbare) Entlastung der Psyche statt, denn die ganze Aufmerksamkeit ist nun auf den körperlichen Schmerz, wie zum Beispiel den Rückenschmerz, gerichtet. Demzufolge beinhaltet jeder Schmerzzustand immer auch eine bedeutsame Information aus dem psychischen Bereich. Der Betroffene will sich quasi selbst, über den körperlichen Schmerz, auf seine seelischen Konflikte aufmerksam machen.

Unser Körper ist der beste Arzt

Der Arzt Albert Schweitzer sagte einmal, dass jeder Kranke in seinem Inneren einen Arzt besitzt. Da der Kranke dies nicht weiß oder er es nicht versteht, diesen inneren Arzt zu aktivieren, geht er zu einem Arzt und fragt diesen, was er tun könne.

"Das Beste", so Albert Schweitzer, "was wir tun können, ist, diesem Arzt, der im Innern jedes einzelnen wohnt, eine Gelegenheit zur Wirkung zu geben".

Beispiel: Als ich einmal Schmerzen in den Knien, im Nacken und den Schultern hatte war es kein Sport, kein Physiotherapeut oder irgendetwas im medizinischen Sinn dass es geheilt hat. Es heilte, je mehr ich mich um meine unbewussten Gedankenmuster und Emotionen in meinem Körper kümmerte, desto leichter wurde alles, und der Schmerz verschwand.

Die Schulmedizin nennt das eine Spontanheilung. Es hat aber mit Spontaneität kaum etwas zu tun. Es ist disziplinierte Erkenntnisarbeit.

Medikamente und Pillen

Die Schmerzerlösung durch die Tablette entpuppt sich als Scheinlösung, denn anstatt die Symptome zu bekämpfen, sollte man den Organismus in seinen Bemühungen um Selbstheilung fördern.
Das heißt, Empfindungen oder Schmerzen nicht mit Medikamenten künstlich zu verkürzen um möglichst schnell wieder einsatzfähig zu sein, sondern die Signale des Körpers ernst zu nehmen.

Unterbricht man nämlich den Selbstheilungsprozess, wird bald dieselbe oder eine andere Krankheit auftreten müssen, um die begonnene Arbeit abschließen und die vollständige Reinigung erreichen zu können.

Stelle dir einmal die folgenden Fragen:

• Was macht dieser Schmerz mit mir?

• Woran hindert mich dieser Schmerz?

• Worauf will mich mein Schmerz aufmerksam machen?

Kurz: Dein Schmerz möchte verstanden und angenommen werden.
Beobachte deinen Schmerz aber verliere Dich nicht in ihm.
Du kannst ihn dir vorstellen, wie ein kleines Kind, das sich verletzt hat. Nimm ihn behutsam in den Arm und schenke ihm deine Aufmerksamkeit.

Alles hat einen Sinn!

Einer meiner Lehrer hat mal gesagt: "Wäre ich ohne Leid und Schmerz, ich hätte keinen echten Grund mich zu verändern, um glücklicher zu werden. Alles bliebe so, wie es ist." Warum sollte man etwas ändern, das in Ordnung ist? Es braucht also das Leid, die Qual, den Schmerz, um unseren Daseinszweck zu erfüllen, bewusster zu werden.

Hinter jedem Schmerz versteckt sich ein Gefühl!

Und das will ans Licht kommen, beachtet werden. Gefühle wollen INNEN in dir gefühlt werden und NICHT im AUSSEN bekämpft werden.

Die innere Wahrheit von (chronischen) Schmerzen

Schmerzen sind quasi der Widerstand vor dem Fühlen des eigentlichen Gefühls. Angst, Trauer und Wut sind (noch) nicht spürbar, doch sie verbergen sich dahinter. Das macht unser Körper eine Zeitlang mit. Aber dann reagiert er mit starken Empfindungen oder Symptomen. Wir erschaffen unsere Gefühle mit unseren Gedanken. Da wir jedoch weitgehend unbewusst denken, ist uns dieser Vorgang selten klar.

Zusammenfassung: Schmerz ist keine Emotion, kein Gefühl.

Der Schmerz ist vielmehr das Gegenteil, es ist der Widerstand vor dem Fühlen. Diesen Schmerz aber zu ertragen, erfordert viel mehr Energie, als das Gefühl bejahend zu fühlen. Ein Gefühl will (bejahend) gefühlt sein, dann kann es sich verwandeln.

Vielleicht hast Du auch schon unendlich oft versucht, dagegen an zu kämpfen, hast dich angestrengt, um Dinge im Außen zu verändern. Immer wieder von der Hoffnung getrieben, dass, wenn uns dies oder jenes tun, der Schmerz verschwindet und wir endlich frei, unbeschwert und glücklich leben können. Doch je mehr wir gegen unsere Lebensumstände ankämpfen, desto mehr Macht bekommt dieser Schmerz über uns. Unser Fokus liegt unbewusst auf der Vermeidung, aber er ist somit immer noch auf diesen Schmerz gerichtet.

Genauso wie wenn ich dich bitte, nicht an einen blauen Elefanten zu denken. Du wirst es nicht vermeiden können, das Bild eines blauen Elefanten in deinem Kopf zu haben.

Der Diplompsychologe Robert Betz sagt: „Unseren größten Schmerz verursachen wir selbst, durch unser „Nein" zu dem, was geschehen ist. Jeder von uns macht im Leben Erfahrungen des Verlustes (von Partnern, Haustieren, Gesundheit, materiellen Dingen, Geld oder Arbeit).

Meist reagieren wir hierauf mit Gedanken der Ablehnung wie:

„Das hätte nicht geschehen sollen...

Er/sie/es sollte noch da sein". Dieses „Nein" zu dem, was geschehen ist, verursacht jedoch den "größten Schmerz", nicht das Geschehen selbst." Wenn wir „Nein" zu etwas sagen, "kämpfen" wir gegen das Leben.

Essenz: Dieser Widerstand ist es, der unseren "körperlichen Schmerz" verursacht, nicht das Geschehen selbst. Es sind Botschaften deiner Seele, die dir zuruft: "Halt an, halte inne!!! Höre auf wegzurennen! Höre auf mit deinem Stress! Höre auf mit deinem Kämpfen! – Wenn du nicht aufhörst, muss ich dich anhalten, dich flach legen."

Du hast also die Wahl zu sagen: "Nein, ich will das nicht!" und damit Widerstand zu leisten...

ODER

es anzunehmen, JA zu sagen: "Ja, ich nehme es so an, wie es jetzt ist und ich spüre bis in die Tiefe nach, was dieser Mensch oder diese Situation in mir auslöst."

Wer die dahinter liegenden Gefühle mehr und mehr wahrnimmt, zulässt und annimmt, dem steht die Entfaltung der eigenen Selbstheilungskräfte nichts mehr im Wege.

Schmerz ist immer der Hinweis darauf, dass etwas der Heilung bedarf und wird dich zielsicher zu der Wunde führen, die es zu heilen gilt. Manche wollen aber das Leid nicht loslassen, weil es mit einer Zuwendung verbunden war/ist, die einem in seelisch armen Zeiten als Liebesersatz dient(e).

Der etwas andere Blick auf Burnout

Das sogenannte Burnout-Syndrom ist in unserer westlichen Welt mittlerweile eine "Krankheit der Seele", die uns immer mehr, überrollt.

Das Burnout Syndrom bezeichnet einen berufsbedingten, chronischen Erschöpfungszustand, der durch eine permanente Überforderung entsteht. Es betrifft besonders Menschen, für die die Arbeit das Wichtigste im Leben darstellt. Auf berufliche Rückschläge und Misserfolge reagieren sie auffallend empfindlich und steigern sich noch einmal mehr in ihre Arbeit hinein.

Beim Burnout Syndrom ist es egal, ob die Überforderung durch eine zu hohe Erwartungshaltung von der betroffenen Person selbst ausgeht, dem inneren Druckmacher oder ob sie den Anforderungen Ihrer beruflichen Umwelt nicht mehr gewachsen ist.

Das Ergebnis ist das gleiche: Der/die Betroffene verfällt in eine anhaltende Frustration, ist schnell reizbar, fühlt sich unentwegt überfordert und kommt irgendwann mit den normalen Alltagsbelastungen nicht mehr zurecht. Wenig hilfreich sind in Sachen Burnout Schuldzuweisungen wie "Der Arbeitsplatz ist schuld." oder "Die Person kann halt nicht Nein sagen." Als Mensch quält man sich nur noch in die Arbeit, solange bis man komplett ausgelaugt zusammenbricht.

Wir handeln gegen unser Selbst, unsere Seele

Der Verstand sagt uns, wir „müssen" eine Arbeit ausführen die uns keinen Spaß macht, sonst bekommen wir keine andere Arbeit.
Unsere Seele möchte aber nur das ausführen was ihre Lebensaufgabe ist. Das ist ein schwerer innerer Konflikt, der zu einen immer größer werdenden Kampf gegen sich selbst und seine eigentliche Berufung wird und unweigerlich in den Burn-Out bzw. auch in die Depression führt. Zwanghaft klammern wir uns an den Job, der uns nicht gut tut.

Burnout - Weckruf der Seele

Wer die Zeichen der Seele übersieht und einfach weiter macht, wird durch einen Zusammenbruch darauf hingewiesen, dass es in unserem Leben mehr gibt als Arbeit, Leistung, Geld und Materie.

Verlust der Leidenschaft

Burnout ist ein Wegweiser, der uns die Abzweigung auf unseren eigenen Weg zeigt. Er führt uns hin zu uns selbst und zu unserem wahren Sein.

Stefanie schreibt in meiner Facebook Gruppe: "Oh ja... ich fühle mich derzeit so und bin völlig aus meiner Mitte gefallen...ich weiß auch warum...alte Muster und überhörte Warnsignale... eine gewisse Rolle einnehmen und sich selbst zurück stellen, dazu passen auch die Begriffe Hamsterrad und Funktionsmodus."

Sei versichert: Burnout ist kein Zusammenbruch von einer Sekunde auf die andere. Es ist vielmehr ein kontinuierlicher Prozess der zunehmenden Erschöpfung. Je früher du die Mechanismen dieses Prozesses erkennst und verstehst, umso leichter kannst Du einen vollkommenen Zusammenbruch vermeiden.

Wenn Du Burnout als Weckruf deiner Seele verstehst, die dir eine Botschaft schicken möchte, gehst Du automatisch aus dem Widerstand und öffnest dich für das Neue, das deine Seele in dein Leben holen möchte. Denn: Was für die Raupe das Ende der Welt ist, nennt der Meister Schmetterling.

Hör auf dein Herz

Eine häufig gestellte Frage: Wie soll ich mich entscheiden?

Nun, auf sein Herz zu hören, ist momentan sehr aktuell, weil so viele Menschen diesen Wunsch verspüren auszubrechen, neu anzufangen und ihre Berufung zu leben. Ein Sprichwort besagt:
Der erste Eindruck ist immer der Beste. Denn sobald du abwägst ist es dein Ego. Die intuitiven Einfälle, Gedankenblitze oder Herzimpulse können in der Regel nicht sofort rational erklärt werden. Sie entstehen in der Präsenz und sind auf einmal da, ohne dass man den Ursprung oder die Herkunft nachvollziehen kann. Sie entspringen deiner Herzintuition.

Impulse der Stimmigkeit

Hierzu eine Geschichte: Die kleine Seele spricht zu Gott

Ich dachte das Leben hier auf der Erde ist frei und schön, aber warum fühlt es sich wie ein Gefängnis an? So unfrei und schwer.
Gott schaut ganz erstaunt und fragt: Wovon sprichst du? Oh ich dachte mir du bist Gott und du verstehst alles, wenn du mich nicht verstehst wer dann? Die kleine Seele beklagt sich: Ich kann nie ausschlafen! Um 6 Uhr früh klingelt der Wecker und ich muss aufstehen ob ich will oder nicht, denn die Arbeit ruft! Ja, lieber Gott, jeden Tag muss ich mich in das Auto setzten, den Stau ertragen damit ich dann eine Arbeit machen kann die mir nicht wirklich Freude macht.

Sie erfüllt mich nicht! Ich muss das machen was mir vorgegeben wird. und kann mich hier einfach nicht selbst entfalten und ausleben...Es füllt sich für mich so sinnlos an...Aber Gott weißt du, ich brauche das Geld. Ich muss jeden Monat meine Rechnungen bezahlen können. Plötzlich sagt Gott: Ahhh das meinst du! Dieses Gefängnis! Euer Hamsterrad! Und eure Zeit-Gegen-Geld Falle.

Jaaa klar kenne ich das... ich beobachte euch ja tagtäglich von meiner Wolke aus... Ihr schuftet wie Wahnsinnige und hofft alle auf den Freitag damit ihr euch mal ein bisschen entspannen könnt...Ich sehe auch, dass ihr keine Lebensfreude mehr habt. und nur mehr im Kampf mit dem Leben seid. Aber soll ich dir was sagen? Ich habe dieses schwere Leben nicht für euch erfunden. Das waren die Menschen. Menschen die nicht mir verbunden sind, haben sich dieses System ausgedacht. Und leider spielen fast alle Menschen einfach mit, und gehen dabei zugrunde.

Lieber Gott, jetzt verstehe ich dich nicht mehr...! Du meinst, ich muss das gar nicht über mich ergehen lassen? Ich kann hier einfach aussteigen? Wer bezahlt denn dann meine Rechnungen? Du etwa? Gott sagt: Dein Leben soll frei sein! Schön sein! Du sollst in Liebe, Fülle, Freude und Leichtigkeit leben können wie ein Kind....

Gott jetzt träumst du aber!!! Wie soll denn das gehen...? Bei all der Verantwortung..?? Die Realität sieht ganz anders aus!!! Gott sagt: Ich habe deinen Hilferuf gehört, und dir deshalb einen Menschen geschickt, der dir genau zeigen kann wie du dein Leben glücklicher und freier gestalten kannst...Wie du in Zukunft dein Geld verdienen kannst, mit einer Arbeit die du liebst und wie du in Zukunft reisen kannst... du kannst tun und lassen was du möchtest!! Du bekommst dein Leben und deine Freiheit wieder zurück! Hmm, okay lieber Gott... das wäre schon schön, aber wer kann mir dabei helfen?

Sei offen für Möglichkeiten! Ich habe dir genau jetzt einen Menschen geschickt, der dir seine helfende Hand ausstreckt. Gott schmunzelt und sagt: Sei mutig! Wir sehen und hören uns sehr bald in deinem neuen Leben...

Das Herz – unser zweites Gehirn

Alte Hochkulturen wussten um die viel größere Bedeutung unseres Herzens im Vergleich zum Verstand, als Zentrum unserer Emotion, Intuition, Leidenschaft (Berufung) und Liebe, als Ort der Weisheit.

Und auch Wissenschaftler und Mediziner beginnen allmählich zu verstehen – das Herz ist nicht einfach nur eine Pumpe, welche das Blut durch den Körper drückt und wenn es kaputt ist, wird es ausgetauscht. Einige Forscher behaupten nun:

Das Herz ist auch ein sensibles Sinnesorgan, ein hoch entwickeltes Sinneszentrum, das eine Fülle an Informationen empfängt und verarbeitet. Das Herz scheint buchstäblich ein zweites Gehirn zu sein.

Man sieht nur mit dem Herzen gut, sagt der kleine Prinz!

Jüngere Forschungen: Bronnie Ware ist eine australische Hospiz-Krankenschwester, die über viele Jahre todkranke Menschen beim Sterben begleitet hat. Sie hat ein Buch geschrieben mit den häufigsten Antworten der Patienten, die sie in ihrem letzten Lebensabschnitt gefragt hat:

Eine der häufigsten, immer wiederkehrenden Antworten: "Ich hätte mir mehr Zeit für meine Gesundheit und mein Glücklichsein gönnen sollen."

Bronnie Ware schreibt: "Das hörte ich erstaunlich oft. Viele haben bis zum Ende nicht erkannt, dass Gesundheit und Glücklichsein eine Entscheidung ist. Sie sind stecken geblieben in alten Mustern, Erwartungen anderer und Gewohnheiten. Die so genannte 'Bequemlichkeit des Gewohnten hat ihre Gefühle und ihr alltägliches Leben dominiert.

Die Angst vor Veränderung brachte sie dazu, anderen und sich selbst vorzumachen, dass sie zufrieden sind, auch wenn sie sich tief im Inneren danach sehnten, mal wieder richtig zu lachen und richtig albern sein zu können."

Es macht traurig zu sehen, dass der wahre Wert des Lebens uns oftmals erst bewusst wird, wenn das Leben zu Ende geht. Was am Ende zählt, sollte auch während des Lebens am Wichtigsten sein. Die Menschen, die sie trifft, stellen viel zu oft fest, dass sie ihre eigenen Wünsche hinten angestellt und zu viel gearbeitet haben, dass sie sich zu wenig Zeit für Familie und Gesundheit genommen und - vor allem - sich nicht erlaubt haben, glücklich zu sein.

Es sind Erkenntnisse, die nachdenklich machen und in Erinnerung rufen, worauf es wirklich ankommt, wenn wir mit einem Lächeln aus dem Leben treten wollen.

Für sich selbst hat Bronnie Ware nach diesen Erfahrungen entschieden, dass sie nur noch das macht, was sie wirklich will. Ihr ermutigendes Buch "5 Dinge, die Sterbende am meisten bereuen" hat die Kraft, Veränderungen anzustoßen, um wirklich das Leben zu führen, das wir wollen.

Finde den Weg deines Herzens - Es gibt 3 Wege -

Konfuzius sagt dazu: "Der Mensch hat genau dreierlei Wege zum persönlichen Herzensweg: erstens durch nachdenken, das ist der schwerste, zweitens durch nachahmen, das ist der edelste, und drittens durch Krisen/Schicksalsschläge, das ist der leichteste."

Ja, die Jahre, in denen wir Krisen am Körper durchleben, lassen uns am stärksten reifen. In dieser Zeit haben wir die Chance, die größten Schritte in Richtung Herzensvision zu leben.

Diese Gipfel-Momente sind deshalb so prägend, weil sie sehr lebhaft, überraschend und intensiv sind. Sie rütteln und schütteln einen richtig durch.

Herz über Kopf

Eine aktuelle Studie aus dem Jahre 2017 über Männer und Frauen vor und nach einem Quanten-Erlebnisse (schwere Krankheit, schwerer Unfall, Nahtoderfahrung, Verlust von Arbeit, Partner und Tod eines geliebten Menschen) ergab folgende Top-Werte/Prioritäten des Lebens.

Wichtigster Wert der Männer

Top 5 Prioritäten vor der Transformation:

1. Wohlstand, Bildung & Karriere, Vermehrung von Geld

2. Abenteuergeist (ein richtiger Mann/Macho sein)

3. Erfolg durch viel Leistung (Glaubenssatz: Haste was, biste was)

4. Vergnügen – so viel Spaß wie möglich

5. Respekt

Ergebnis: nach der Transformation/nach einem Quanten- Erlebnis, viele Jahre später …

Die Top 5 Prioritäten dieser Männer:

1. Spirituelle Entfaltung (Ja, diese Männer wachen jetzt auf und fangen an, sich mehr für sich selbst zu interessieren, für ihr Innenleben, ihre Gefühle, ihre Gedanken, ihre Lebensqualität anstatt nur für Arbeit, Sport, Autos und Frauen.

2. persönlicher Frieden; weniger Unruhe, Unordnung und permanenten Stress

3. Familie

4. Bestimmung (was ist wirklich wichtig - sinnerfüllte Ziele)

5. Echtheit , z.B. wie ehrlich bin ich als Mann mit meinen Gefühlen (Gefühle ausdrücken und Nahsein ist das "neue Cool")

Frauen – ihre wichtigsten Wertvorstellungen vor der Transformation:

1. Familie (eine gute Tochter, Ehefrau, Mutter sein)

2. Verlangen nach Unabhängigkeit

3. Karriere

4. sich anpassen, so sein wie alle anderen

5. Attraktivität (davon hängt ihr Wert ab)

Ergebnis: nach der Transformation/nach einem Quanten-Erlebnis:

1. Mein eigenes persönliches Wachstum (die größte ,Türe' in die Freiheit)

2. Selbstannahme (von der Selbstverurteilung zu einem sich liebenden Menschen)

3. Spiritualität (vom Kämpfen zum Lieben)

4. Mein persönliches Glück

5. Vergebung (mir selber)

Krankheit als Geschenk

Wir haben es uns leider in der Schulmedizin angewöhnt, gegen eine Krankheit zu kämpfen. Stattdessen sollten wir ihr jedoch dankbar sein, dass sie uns auf den rechten Weg zurückschicken will.
Ohne sie würden wir uns so weit von uns selbst entfernen, dass wir schließlich an Energiemangel sterben würden.

Rückblick: Ärzte Wissen von 1927

Vor hundert Jahren hat man schon erkannt, dass schulmedizinische Arzneien pures Gift für den menschlichen Körper sind.

Das Volk wendete sich damals von der Schulmedizin ab.

Denn viele Krankheiten stehen im Dienst der Gesundheit: So entgiften Fieber, Bakterien und allergische Reaktionen den Körper, Schwangerschaftserbrechen schützt den Embryo. Diese und andere vermeintliche Krankheiten sind über Jahrtausende entwickelte, wertvolle Strategien unseres Körpers zum Schutz seiner Gesundheit. Doch die moderne Medizin neigt dazu, diese lebenswichtigen Selbstheilungskräfte zu unterdrücken und dadurch chronischen Erkrankungen Tür und Tor zu öffnen. Will aber der Patient ganz gesund werden und seine Lebensqualität steigern, kommt er folglich nicht daran vorbei, sich mit den eigentlichen Ursachen, der inneren Wahrheit seiner Erkrankung auseinander zu setzen.

Wenn wir gefangene und unterdrückte negative Emotionen loslassen, dann können wir unseren Geist und unseren Körper heilen. Studien zeigen auf, dass chronische Schmerzen nicht nur von körperlichen Beeinträchtigungen kommen, sondern vor allem durch "emotionale Schwierigkeiten". Viele Menschen wissen inzwischen, dass "emotionaler Stress" zu Magenschmerzen, Reizdarmsyndrom und Krebs führen können.

Der Körper ist der Übersetzer der Seele ins Sichtbare

Dazu gibt es einen schönen Satz, der immer zutrifft:
"Geh Du vor", sagt die Seele zum Körper, "auf mich hört er nicht".
"Ich werde krank", sagt der Körper, "dann hat er Zeit für dich".

Glück und Fülle, trotz schwerer Krankheit

Franziska ist 41, als sie nach einer Untersuchung ganz überraschend die Diagnose Krebs erhält. Ihre Transformationsgeschichte ist eine sehr lebensbejahende und herzberührende, trotz der schwierigen Thematik: "Ich kann dir sagen, die Krankheit war mein absolut größter Segen. Die letzten fünf Jahre meines Lebens waren schwierig, aber die Krankheit hat mich gelehrt, was Leben wirklich bedeutet. Ich habe durch sie herausgefunden, was wirklich zählt. Sie hat mich gezwungen, meine verdrängten Gefühle ans Licht zu holen. Den Schmerz zu fühlen, der so lange Jahre in mir versteckt war.

Sie hat mich gelehrt zu trauern, meiner Angst zu begegnen und mir damit den Weg frei gemacht zu tiefster Freude, innerem Frieden, großer Freiheit und herzberührender Fülle . Ich lebe und erlebe heute mein Leben mit einer Intensität und einer Bewusstheit, zu der ich niemals gekommen wäre, wenn mein Körper mich nicht irgendwann ausgebremst hätte. Und auch wenn ich niemals mehr ganz gesund würde... es spielt keine Rolle!

Denn Leben ist fühlen, ER-LEBEN."

Unser Körper im Außen ist immer das getreue Spiegelbild von Vorgängen in unserem Innern

Der französische Philosoph und Mystiker Blaise Pascal sagte: „Krankheit ist der Ort, wo man lernt" – und keine Strafe! Er erkannte: Zu jeder objektiv diagnostizierbaren Erkrankung gibt es ein subjektives seelisches Themenfeld.

Wie bereits in dem Beitrag zum Film "emotion" erwähnt, verankern sich negative Emotionen in unserem Körper und lösen Schmerzen an diesen Stellen aus. Und zwar genau an bestimmten Punkten, die uns eine Aussage darüber geben, woran wir emotional leiden.

Filmtipp: "emotion" zeigt, dass wir durch die Auflösung emotionaler Blockaden den Prozess der Erkrankung vorbeugen und Gesundheit zu einem dauerhaften Zustand machen könnten.

Gefühle sind nicht fassbar!

Stimmt, Gefühle sind nicht fassbar.

Das machen emotionale Schmerzen für die meisten Menschen schwierig zu verstehen. Doch sie sind da. Wenn keine körperliche Ursache für eine Erkrankung gefunden werden kann, sprechen Ärzte oft von psychosomatischen Beschwerden. Sie können durch Stress, Konflikte und Aufregung ausgelöst werden.

Das Annehmen von Gefühlen funktioniert "technisch" folgendermaßen:

Schritt 1 - Annehmen

Ich richte meine Aufmerksamkeit zunächst auf meinen Atem.
Ich spüre jedes Ein- und Ausatmen. Ich nehme die in mir auftauchenden Gefühle wahr.
Ich benenne diese Gefühle, ohne zu bewerten: "Da ist Wut.",
"Da ist Scham.", "Da ist Angst."

Ich nehme die Gedanken und Bewertungen zu den Gefühlen wahr, ohne mich mit der "Geschichte" zu identifizieren. Dann mache ich mir bewusst, dass all dies in mir lebendig ist, in diesem Augenblick. So ist es jetzt. Mit dieser Annahme tritt bereits eine enorme Entspannung in meinem Körper ein. Im Lichte der Achtsamkeit verschwindet das Bedrohliche an solchen Gefühlen.

Schritt 2 - Loslassen

Gelingt es mir jedoch nicht, präsent bei dem Gefühl zu verweilen, sondern ich bemerke, dass ich mich darin verwickelt habe, dann übe ich mich darin, das Gefühl aktiv los zu lassen. Hierfür kehre ich mit meiner Aufmerksamkeit immer wieder zu meinem Atem zurück.

Dann beginne ich den Prozess von vorne und übe mich auch gleichzeitig in einer mitfühlenden Haltung mir selbst gegenüber.

Seele & Selbstheilung

Warum wohl gibt sich die Wissenschaft nicht mit der Erforschung der Seele ab?

Ein ganz klarer Fall eigentlich, denn durch die Veröffentlichung und Bestätigung, dass es eine Seele gibt, würden dann nach und nach alle Menschen begreifen, wie sie sich selbst heilen könnten. Das wäre das AUS für die Pharmaindustrie.

Hier ein lesenswerter Brief deiner Seele an dich!

Hallo lieber Mensch! Ich bin´s, deine Seele.

Als wir uns das erste Mal begegnen durften, um uns zu verknüpfen – entstand eine wundervolle Gemeinschaft. Wir wollten zueinander und sollten es auch laut unserer Bestimmung. Als du noch ganz klein warst, unschuldig und ohne Vorbehalte – waren wir ein eingespieltes Team. Du warst nah bei mir und ich bei dir…. Zusammen. Je älter Du wurdest, umso mehr hast Du dich von mir entfernt.

Nicht weil du es bewusst wolltest, sondern weil dein Umfeld dir glaubend machen wollte, wie wichtig es ist auf seinen Kopf (Verstand) zu hören. Ich habe dich oft nicht mehr finden können in all der Unordnung, die sich bei dir im Inneren abgespielt haben.
Und so wurde ich ganz leise …. und hoffte, dass Du mich irgendwann wieder suchst und mir zuhörst. Dann kam die Zeit, wo es dir sehr schlecht ging …. nicht schnell …. sondern schleichend.
Ich konnte dir zuschauen, wie du langsam in die Knie gehst. Ich sah dich leiden – man hat dich immer wieder verletzt. Du hast angefangen, dich zurückzuziehen …. dein Kopf (Ego) hatte viel Macht über dich. Ich bin doch an deiner Seite …. hast du das vergessen?

Du bist ein lieber Mensch, einzigartig – keiner ist wie du, weil nur du so eine Seele an deiner Seite hast wie ich es bin. Mich kann man nur entdecken, wenn man ehrlich ist und authentisch.

Meine Aufgabe ist es dir zur Seite zu stehen, dich zu beschützen und zu leiten. Du und ich – könnten ein unschlagbares Team sein, wenn du dich wieder auf mich einlässt …. mir vertraust.

Für dich fühlt sich das dann vielleicht an wie ein gutes Gefühl …. die richtige Entscheidung. Wie oft habe ich dir in Notsituationen oder vor Entscheidungen ein Signal gegeben. und du hast es vorgezogen, dem rationalen den Vorrang zu geben und bist gescheitert. Hast dich geärgert und gesagt: „Hätte ich doch auf mein Gefühl gehört." Du hast ein Stück verlernt mir zu vertrauen, und ich bitte dich jetzt …. komm zurück, finde wieder zu mir, deine Seele.

Ich warte auf dich und wenn wir uns wieder finden, uns wieder vereinen, dann wird das wundervoll sein. Ich freue mich auf deine Rückkehr, denn ich liebe dich – so war es schon immer und wird auch immer so sein... deine Seele.

Text von Carmen Kraut

Albträume

Albträume sind Botschaften unserer Seele

Ein Albtraum ruft die Aufmerksamkeit des Träumers um „aufzu-
wachen" zu etwas, dass im wachen Leben geändert oder anerkannt
werden muss. Daher handeln Albträume als interne Alarmsysteme
für uns und warnen uns vor drohender Gefahr. Die Gefahr könnte
etwas sein das emotionale Heilung, körperliche Heilung oder Aufmerksamkeit braucht. Es könnte ein gesundheitliches Problem sein
das angegangen werden muss bevor er ernst wird. Es könnte ein
vergangener emotionaler Schmerz sein, der wieder an die Oberfläche kommt weil er nie vollständig geheilt war.

Sie sind wie ein Freund der uns davor warnt, da es wichtig ist für
uns. Wie ein Familienmitglied das zu uns schreit weil das Haus
brennt. Interessant ist, wenn wir die Nachricht ignorieren und mit
dem gleichen Verhalten weitermachen im Wachzustand, werden wir
immer und immer wieder verbrannt.

Ignorierte Albträume neigen dazu, wieder aufzutreten da unsere
eigene Psyche uns nicht in Ruhe lassen wird wenn wir in Gefahr
sind.

Traumszenen sind immer auch ein Teil der Wirklichkeit.

Was die Krankheiten uns mitteilen wollen

Hier sind weitere neun Körperschmerzpunkte, die deine seelische, emotionale Lage und deren Bedeutung wiedergeben

• Ich leide oft unter Nackenschmerzen!

Schmerzen im Nacken deuten auf Starrköpfigkeit und mangelnde Flexibilität hin. Das Problem kann in einer zu festgefahrenen Denk- und Lebensweise liegen. Auch psychischer Druck und das Gefühl es jedem recht machen zu müssen können dahinterstecken.

• Meine Schultern sind oft schwer und schmerzen oft!

Emotionale Schmerzen in den Schultern sprechen dafür, dass das Leben zur Last geworden ist. Hier macht sich häufig ein Gefühl der Überforderung bemerkbar.

• Mir tut meine Wirbelsäule oft weh!

Die Wirbelsäule steht für Stabilität. Im emotionalen Sinne lassen sich psychosomatische Schmerzen hier häufig auf einen Mangel an Unterstützung zurückführen. Im oberen Bereich fühlen sich Betroffene ungeliebt oder unfähig selbst zu lieben. Im Brustbereich machen sich Schuldgefühle bemerkbar, ebenso wie die Unfähigkeit, sich von der Vergangenheit zu lösen.

Die untere Wirbelsäule verkörpert hingegen oft einen Mangel in finanzieller Unterstützung und damit verbundene Unsicherheit.

• Immer wieder knacken meine Knie!

Knieprobleme können vielerlei Ursachen haben. Sind diese emotionaler Natur, signalisieren sie Sturheit und einen zu großen Stolz, der im Weg steht. Zudem können Bindungsängste und das Problem, sich auf andere Menschen einzulassen, dahinterstecken.

• Ich leide oft unter schwerer Migräne!

Die Migränekopfschmerzen sind einerseits durch die inzwischen bei der Migräne erforschten pathophysiologischen Veränderungen bedingt, andererseits stellen sie einen symbolhaften Ausdruck dar, nämlich sich den Kopf zu zerbrechen hinsichtlich eines unlösbaren Konfliktes. Sie zeigen, dass Angst, Ärger oder Trauer unterdrückt werden. Der Mensch möchte frei sein, er möchte aus dem einengenden Elternhaus entrinnen und seine Kräfte entfalten. Ein dichtes Netz von Bindungsmechanismen umspannt jedoch - symbolisch gesehen - seinen Kopf, der dieses Netz sprengen will.

• Woher kommen meine Schuppenflechte?

Schuppenflechte ist ein Symptom der Seele, sich gegen schmerzhafte Kontakte/Gefühle, die von außen kommen zu "Panzern". Es ist ein physischer Schutzmechanismus deiner Seele, der oft mit einem schmerzhaften Verhaltens-, Glaubensmuster verbunden ist.

• Meine Haut ist immer rot!

Dies ist eine chronisch verlaufende, entzündliche Hauterkrankung vornehmlich im Gesicht und betrifft rund vier Millionen Deutsche.

Entzündungserscheinungen der Haut wie anhaltende Rötungen, und Pusteln (Bläschen), sichtbare Äderchen und/oder Schwellungen im Gesicht können Anzeichen von Rosacea sein.

Solange ein Mensch die psychischen Ursachen des Rosacea nicht aufgelöst hat, können selbst Wundermittelchen nicht helfen. Sie sind niemals die wahre Ursache der Heilung.

Denn es geht um die Heilung des Geistes.

Der Körper ist auch bei Rosacea nur das Anzeigeinstrument. Wenn im Auto die Tankanzeige rot aufleuchtet, kommen wir ja auch nicht auf die Idee, dass mit der Tankanzeige was nicht stimmen würde. So ist es auch mit der Haut. Mit der Haut ist trotzdem alles in Ordnung. Die Rötung auf der Haut ist nur die Anzeige, dass im Geist ein Kampf tobt, der geheilt werden möchte.

• In letzter Zeit leide ich unter Blasenentzündung!

Wenn die Blasenentzündung auftritt, geht es aus psychosomatischer Sicht um einen Konflikt zwischen festhalten wollen und loslassen wollen. Häufig steht das Festhalten an überalterten Strukturen und Gefühlsmustern dem Wunsch nach Veränderung entgegen. Ein Teil der Psyche möchte sich auf Neues einlassen und Neues erleben. Aber der andere Teil hält an dem Althergebrachten fest. Das was man kennt, bietet Sicherheit.

• Meine Haut juckt ständig!

Das Hautjucken hat meistens mit unterdrückter Wut zu tun.

Wo ist es dir aktuell zum "aus der Haut fahren"?

Was "juckt" dich aktuell - im Sinne von: was stört dich, lässt dir keine Ruhe? Diese unterdrückte Wut, kann durch die Nähe zur Familie wieder erweckt werden und dadurch, dass du sie nicht fühlst und auslebst, meldet sie sich über deinen Körper und wünschst sich deine Aufmerksamkeit.

Was du tun kannst ist, erst einmal das Jucken da sein zu lassen -(ich weiß, dass das leichter gesagt/geschrieben ist als getan - versuch es trotzdem, denn es ist ja eh schon da) und mit ihm in Kontakt zu gehen. Sag innerlich "alles in mir darf jetzt da sein und ich bin bereit zu fühlen, was mein Körper mir spiegelt." Dann spür, welches Gefühl hinter dem Hautjucken steckt und fühl es. Du kannst auch in Dialog mit deiner Haut gehen und sie fragen, welche Botschaft sie dir hat. Lausche, was sie dir mitteilt.

Ursache und Wirkung

Leider nehmen viele Menschen Medikamente ein, die nur die Symptome einer Krankheit behandeln, ohne jedoch ihren Auslöser zu berücksichtigen. Oft werden sogar unnötige Operationen vorgenommen, um das schmerzende Körperteil oder Organ zu entfernen. Dabei hat es nur seine Aufgabe erfüllt und wollte uns auf einen Missstand aufmerksam machen - und die Schmerzerlösung durch die Tablette entpuppt wie bereits erwähnt als Scheinlösung.

Beispiel: Wird eine Entzündung durch die Verabreichung von Kortison unterdrückt, wird unser Körper daran gehindert, seine Selbstheilungskräfte einzusetzen. Eine Entzündung ist ein Versuch unseres Körpers, sich selbst zu reinigen und sich dadurch von Verunreinigungen zu befreien.

Dasselbe gilt für Fieber. Anstatt diese Symptome zu bekämpfen, sollte man den Organismus in seinen Bemühungen um Selbstheilung unterstützen. Das heißt, Entzündungen oder Fieberschübe nicht mit Medikamenten künstlich zu verkürzen um möglichst schnell wieder einsatzfähig zu sein, sondern die Signale des Körpers ernst zu nehmen und sich eine Weile Ruhe zu gönnen, bis der Organismus mit unzuträglichen Zuständen selbst fertig geworden ist.

Unterbricht man nämlich den Selbstheilungsprozess mutwillig, wird bald dieselbe oder eine andere Krankheit auftreten müssen, um die begonnene Arbeit abschließen, bzw. die vollständige Reinigung erreichen zu können.

Wie Dr. Susan Babel in ihrem Artikel schlussfolgert: „Auch wenn sich jemand nicht bewusst ist über den nachklingenden Effekt einer Erkrankung oder glaubt einen traumatischen Konflikt lange hinter sich gelassen zu haben, der Körper kann sich an ungelöste Probleme klammern." Das nächstemal, wenn Du irgendwelche körperliche Schmerzen hast, schaue in dich selbst. Finde heraus, was Du denkst, was Du festhältst und welche Emotionen Du unterdrückst.

Nicht Du hast die Krankheit, sondern dein Körper hat sie

Du bist nicht dein Körper, sondern Du hast einen Körper.
Das macht einen wichtigen Unterschied für die Betrachtung und den Umgang mit Krankheiten.

Wenn wir die „Krankheitsbilderdeutung" besser verstehen, werden wir Erkrankungen besser bewältigen und ihr selbstbewusster entgegenwirken. Das ersetzt keine schulmedizinische Behandlung, aber jede Therapie wird effizienter, wenn unser „innerer Arzt" mithilft.

Vorsicht vor Schubladen!

Dabei geht es nicht um ein starres Schema „Krankheit X bedeutet Y". Krankheitsbilderdeutung bietet ein offenes Feld, das zum Nachsinnen über die Erkrankung anregen soll. Es gibt keine 2 gleichen Magengeschwüre, nur individuelle Patienten, die sich mit ähnlichen Krankheitsmustern auseinander setzen.

Genau wie ein und dasselbe Wort viele verschiedene Bedeutungen haben kann. Entsprechend können bei dem einen Menschen Rückenschmerzen bedeuten, dass er zu viel Last mit sich herum trägt oder viel Verantwortung hat, bei einem anderen können Rückenschmerzen bedeuten, dass dieser Mensch von Existenzängsten geplagt wird; dass er Angst hat, alles zu verlieren und ohne jegliche Unterstützung dazu stehen. Die Deutungsmuster sind Wegweiser, die einen Rahmen setzen und die seelische Atmosphäre beschreiben, die sich um eine bestimmte Krankheit herum einstellen kann.

Das große Krebs-Interview

"Herr Reiferth, was sagen Sie zur aktuellen Krebsheilung?"

Marco Reiferth: Die Schulmedizin verspricht uns ja schon seit Jahrzehnten einen baldigen Durchbruch und eine Heilung von Krebs.

Es werden ständig neue vielversprechende Forschungsergebnisse, Medikamente und Therapien vorgestellt. Doch die einzigen Waffen, die im Kampf gegen den Krebs aufgebracht werden sind entweder das Herausschneiden des Krebses oder die Chemotherapie.

Mit einer "Erfolgs"-Quote von 2-4 Prozent gilt die Chemotherapie als "Königsdisziplin" der Schulmedizin. Es ist unbegreiflich, warum die "Giftkur ohne Nutzen" weiterhin als vielversprechende Standardtherapie gepriesen und angewandt wird.

Eine separate Studie die in der Zeitschrift "The American Medical Association" im Jahr 1979 veröffentlicht wurde entdeckte, dass viele der am häufigsten verwendeten Methoden für die Diagnose und Behandlung von Brustkrebs, von denen fast alle noch heute verwendet werden, nichts getan haben um die Rate von Brustkrebs zu senken oder das Überleben von Patienten mit Brustkrebs förderten.

Zwei weitere Studien, eine aus Israel, die im Jahr 1979 veröffentlicht wurde und die andere aus Großbritannien vom Jahr 1980, warten mit ähnlichen Ergebnissen auf. " Das Gesamtüberleben von Patienten mit primärem Brustkrebs hat sich in den letzten 10 Jahren nicht verbessert, trotz der verstärkten Nutzung von Multi-Dosis-Chemotherapie zur Behandlung von Metastasen", erklärte die Studie Lancet, mit dem Titel "Das Scheitern der Chemotherapie bei dem Überleben von Patienten mit metastasierten Brustkrebs"

Krebs und ganz besonders der Brustkrebs hat mit abgespaltenen Gefühlen zu tun. Das heißt, dass irgendwann die (unbewusste) Entscheidung getroffen wurde, dass es ohne Gefühle besser geht und nur bestimmte Gefühle akzeptabel sind. Brustkrebs hat mit dem Thema: Mütterlichkeit, Nähren und genährt werden, sich fallenlassen können, Kontrolle abgeben zu tun. Auch abgelehnte Weiblichkeit kann dahinterstecken.

"Warum gibt es so wenige Alternativen zur natürlichen Krebsbehandlung?"

Marco Reiferth: Ärzte, Pharmaunternehmen und Krankenhäuser profitieren jedes Mal, wenn ein Patient zu einer herkömmlichen Behandlung zustimmt. Die Pharmaindustrie macht mit der Behandlung von Krebs einen jährlichen Umsatz von geschätzten 3 Milliarden Euro. Krebs ist vor allem eine gewinnbringende Krankheit.

Ein geheilter Patient ist ja letztlich nur ein verlorener Kunde, der wiederum den Umsatz, der wettbewerbsfähigen Pharmaunternehmen schmälert.

Schätzungsweise 90 Prozent aller Krebspatienten lassen sich schulmedizinisch behandeln, bevor sie einen Versuch mit alternativen Heilmethoden wagen. Und genau solche – von der Schulmedizin austherapierten – Patienten senken die Heilungsraten der alternativen Methoden enorm. Menschen, die erst das gesamte schulmedizinische Repertoire über sich ergehen lassen, verfügen in den meisten Fällen kaum noch über aktivierbare Selbstheilungskräfte.
Aggressive schulmedizinische Behandlungen zerstören unzählige gesunde Zellen und beeinträchtigen viele Organe so extrem, dass dann, wenn im Anschluss an zahllose Operationen, Bestrahlungen und Chemobehandlungen die alternativen Therapien keine Rettung mehr bringen, letztere wohl kaum für das Versagen der Schulmedizin zur Rechenschaft gezogen werden können

Alternative Heilungsmethoden werden oft als 'nicht so effektiv' abgetan und es wird Krebspatienten immer geraten, um eine konventionelle Behandlungsmethode wie Chemo, Strahlung und Operation zu versuchen.

Alternative Behandlungen basieren meist auf:

Natron, Cannabis, Ingwer, Kurkuma und Hanföl. Auch Wissenschaftler bestätigen mittlerweile die Wirksamkeit dieser Behandlungen.

Beispiel: Natron in der Krebstherapie

Der Arzt Mark Sircus erklärt in seinem Buch "Sodium Bicarbonate: Rich Man's Poor Man's Cancer Treatment" (Natriumbicarbonat: Die Krebstherapie für reiche und arme Leute) die Anwendung von Natriumhydrogencarbonat als billigstes, sicherstes und vielleicht wirkungsvollstes Krebsmedikament, das je existiert habe. Natriumhydrogencarbonat könne, laut Dr. Sircus, Krebszellen vernichten.

Interessanterweise werde es auch in der schulmedizinischen Krebstherapie eingesetzt. Er berichtet von Onkologen, die Bicarbonat in Kombination mit Chemotherapie verabreichen. Sie tun das deshalb, weil Bicarbonat dabei hilft, lebenswichtige Organe vor dem Gift der Chemotherapie zu schützen. Er sagt sogar, dass alle Chemotherapie-Patienten ohne die Beigabe von Hydrogencarbonat sterben würden. Dr. Sircus selbst verabreicht seinen Patienten das Natron oral und intravenös. Der in Rom lebende Onkologe Dr. Tullio Simoncini dagegen injiziert Natriumhydrogencarbonat direkt in die karzinösen Tumorregionen, um diese regelrecht „auszuwaschen".

Beide Wissenschaftler konnten sehr große Erfolge bei ihren Krebspatienten verzeichnen.

Hierzu eine wahre Geschichte: Wie der Amerikaner Vernon Johnston sich von Prostata- und Knochenkrebs heilte.

Nachdem bei Vernon Krebs festgestellt wurde, riet ihm sein Bruder Larry, dass er darauf achten solle, den ph-Wert seines Körpers möglichst hoch zu halten, da Krebs bei hohem, also alkalischem pH-Wert schlechter gedeihen könne. Larry empfahl seinem Bruder zu diesem Zwecke Natron. Damit könne man den pH-Wert in den Krebszellen steigern. Da erfuhr er von Krebsspezialisten, Dr. Mark Sircus und Dr. Tullio Simoncini, die bereits seit Jahren Krebs höchst erfolgreich mit Natron behandelten. Das Natron (Natriumhydrogencarbonat) sollte zusammen mit Ahornsirup eingenommen werden. Vernon führte akribisch Tagebuch und notierte jede Einzelheit über seine gewählte Therapie, die er "meinen Tanz mit dem Krebs" nannte. Er nahm also Natron mit Ahornsirup.

Darüber hinaus hatte er sich für eine basische Ernährung entschieden, nahm Mineralstoffe und Vitamine und ging oft hinaus in die Sonne. Der plötzliche Anstieg des pH-Wertes aufgrund seiner Natroneinnahme führte zu einem rapiden Anstieg der Sauerstoffkonzentration in seinem Organismus. Um die Wirkung des Sauerstoffes noch besser auszunutzen und noch zu steigern – Krebszellen hassen Sauerstoff – machte Vernon zusätzlich spezielle Atemübungen. Seine täglichen Berichte sind auf seiner Webseite sowie in Dr. Mark Sircus' Buch über die Heilkraft des Natrons ("Sodium Bicarbonate: Rich Man's Poor Man's Cancer Treatment" – Natriumhydrogencarbonat: Die Krebstherapie für reiche und arme Leute) zu finden.

Der Krebs ist verschwunden

Nach einigen Wochen erhielt Vernon die Ergebnisse seiner letzten medizinischen Untersuchung. Sie bestätigten, dass er vollständig geheilt war, sowohl vom Prostatakrebs als auch vom Knochenkrebs.

Seine Story wurde später in einer kalifornischen Lokalzeitung, den Valley News, veröffentlicht. Vernons Beispiel belegt Mark Sircus' Theorie, dass die orale Einnahme von Natriumhydrogencarbonat ein enormes Potenzial für die Heilung von Krebs besitzen kann.

"Was sind die neuesten Forschungsergebnisse über Chemotherapie?"

Marco Reiferth: Dr. Hardin B. Jones, ein ehemaliger Professor für medizinische Physik und Physiologie an der Universität von Kalifornien, hat die Lebenserwartung von Krebspatienten für mehr als 25 Jahre untersucht, als er zu dem Schluss kam, dass Chemotherapie nicht funktioniert. Dr. Jones warnt, dass Patienten die mit einer Chemotherapie behandelt werden viel schneller und schmerzhafter sterben als viele andere Patienten, die eine andere Behandlung wählten." Menschen, die Chemotherapie als Behandlung verweigert haben leben im Durchschnitt 12 1/2 Jahre länger als die Menschen, die eine Chemotherapie machten", sagte Dr. Jones in seiner Studie. Das ist etwas, das du nicht in den Massenmedien hören wirst, da sie weiterhin den Mythos verbreiten, dass es die beste Medizin ist zur Bekämpfung von Krebs!"

Eine neueste Studie entlarvt den großen Schwindel - Krebsärzte würden bei sich selbst niemals einer Chemotherapie zustimmen.

Eine Umfrage offenbarte, dass 8 von 10 Onkologen sich nicht einer solchen Therapie unterziehen lassen würden, wie sie diese ihren Patienten zumuten. Arnold Seymour Relman Professor für Medizin an der Harvard University und ehemaliger Chefredakteur des New England Medical Journal sagt: "Die Ärzteschaft ist gekauft von der Pharma-Industrie, nicht nur in Bezug auf die Praxis der Medizin auch in Bezug auf Lehre und Forschung. Die akademischen Institutionen sind die bezahlten Agenten der Pharma-Industrie. Ich denke, es ist beschämend."

"Herr Reiferth sind außerdem der Überzeugung, dass die meisten aktuell veröffentlichten Forschungsergebnisse über Krebs falsch sind."

Marco Reiferth: Im Jahr 2009 veröffentlichte das Krebszentrum der Universität von Michigan eine Analyse, die enthüllte, das viele populäre Krebsstudien und Ergebnisse unwahr und auf Interessenkonflikte beruhen.

Sie schlussfolgerten daraus, dass die Ergebnisse ein Resultat dessen waren, was für die Pharmaunternehmen am profitabelsten funktionieren würde. Schließlich wird ein großer Teil der Krebsforschung direkt von ihnen finanziert.

Jüngstes Beispiel im Zusammenhang mit Antidepressiva, ist eine Studie, die Forscher des Nordic Cochrane Centre in Kopenhagen im British Medical Journal veröffentlicht haben. Darin heißt es, dass die Pharmaunternehmen nicht alle Informationen über die Ergebnisse ihrer Arzneimittelstudien offen legen.

Dies ist nicht das erste Mal, dass die Pharmaunternehmen nur die halbe Wahrheit ihrer Arzneimittelstudien darstellen, um Antidepressiva in die Verkaufsregale zu bringen.

Es gibt viele andere Beispiele, bei denen wir sehen können, dass die Pharmaunternehmen ihre Medikamente auf der Grundlage einer Reihe von Lügen und Halbwahrheiten verkaufen.

Beispiel: Wer kennt den folgenden Glaubenssatz nicht: „Kreme dich gut ein", wenn die Sonne im Sommer vom Himmel scheint

Hüte dich vor der Falschinformation bei Sonnenschutzmitteln.

Denn UV-Strahlen allein führen nicht zu Hautkrebs. Es ist ein medizinischer Mythos, dass UV-Strahlen Hautkrebs verursachen. Diese falsche Vorstellung ist ein Konstrukt der ignoranten Mediziner (Dermatologen) und der gewinnorientierten Hersteller von Sonnenschutzmitteln. Die Wirklichkeit ist viel komplizierter: Nur wenn die UV-Einwirkung mit chronischem Nährstoffmangel, der die Haut anfällig macht, einhergeht, kann sich Hautkrebs entwickeln.

Die Schulmedizin ignoriert den Einfluss der Ernährung völlig und konzentriert sich stattdessen auf einen einzigen Faktor: Sonnenschutzmittel. Die Medizinindustrie will anscheinend nicht, dass die Menschen dahinterkommen, dass sie sich den Weg zu gesünderer Haut buchstäblich essen können.

Natürlicher Sonnenschutz von Innen

Die Haut besteht ausschließlich aus den Nahrungsmitteln, die Du zu dir nimmst. Wäre es daher überhaupt vorstellbar, dass deine Ernährung die Gesundheit deiner Haut nicht beeinflusst?

UV-Strahlen allein führen nicht zu Hautkrebs

Und doch ist kein Schulmediziner – weder Dermatologen noch Allgemeinärzte und auch nicht die Gesundheitsindustrie – so ehrlich, zuzugeben, dass die Ernährung weitgehend dafür ausschlaggebend ist, wie die Haut auf UV-Strahlung reagiert.

Erstaunlicherweise will in den Medien oder von offizieller Seite niemand zugeben, dass chemische Duftstoffe gesundheitsschädlich sind.

Ein typisches Sonnenschutzmittel enthält über ein Dutzend krebs-erregende chemische Duftstoffe, die über die Haut aufgenommen werden. Die meisten Sonnenschutzmittel wirken bei vorschriftsmä-ßiger Anwendung wie giftige Bäder, die die Leber belasten und Krebs verursachen können.

Wähle daher keine Sonnenschutzmittel, die Inhaltsstoffe enthalten, die nach Chemie klingen:

• Methyl…

• Propyl…

• Butyl…

• Ethyl…

• Trieth…

Jede ernsthafte Aussage über Sonnenschutz muss damit beginnen, dass die Chemikalien, die auf die Haut aufgetragen werden, über die Haut aufgenommen werden, und dass die meisten Sonnenschutz-mittel aus einem Chemiecocktail von krebserregenden Substanzen hergestellt werden. Diese Wahrheit über Sonnenschutzmittel will dir die Sonnenschutz- und auch der Krebsindustrie vorenthalten.

Es ist das kleine schmutzige Geheimnis des Sonnenschutzes: Je mehr man verwendet, desto mehr VERURSACHT man Krebs im Körper! Und umso mehr Geld verdienen die Krebszentren mit der Behandlung« mit tödlichen Chemikalien, genannt Chemotherapie.

Also: Augen auf beim Kauf. Sonnenschutzpräparate sind ein Minenfeld von Lügen, Betrug und Falschinformation, um dir vorzuenthalten, wie wichtig Sonnenlicht ist und welche Gesundheitsrisiken damit verbunden sind, krebserregende Chemikalien auf der Haut anzuwenden.

Die Sonne heilt

Bleibe (wenn nötig) bei wirklich natürlichen Sonnenschutzmitteln (z.B. Sesam-, Kokosöl) und versuche, eine gesunde Bräunung zu erreichen, während du reichlich Superfoods zu dir nimmst.
Entgegen all der Falschinformation, die man uns liefert, ist eine gesunde Bräune ein gutes Zeichen für eine ausreichende Vitamin-D-Synthese in der Haut.

Die Sonne heilt, denn die menschliche Haut kann Energie und Informationen aus dem Sonnenlicht einfangen. Leider sind die chemischen Stoffe in Sonnenschutzmitteln nur dazu angelegt, die Profite der Chemiekonzerne zu schützen, während Firmen, deren natürliche Produkte weit bessere Ergebnisse versprechen, an den Rand gedrängt werden.

"Herr Reiferth, die haben das Thema Selbstheilung und Gesundheit intensiv studiert, ist Krebs heilbar?"

Immer wieder geschehen Heilungen, die es nach Ansicht der Schulmedizin eigentlich gar nicht geben dürfte. Es gibt unzählige Heilmethoden, die aber aufgrund der Profitgier von diversesten Pharmaunternehmen unterdrückt und zerschlagen werden.

Ein geheilter Patient ist letztlich nur ein verlorener Kunde, der wiederum den Umsatz, der wettbewerbsfähigen Pharmaunternehmen schmälert.

Unser Organismus kann sich von fast allen Leiden selbst heilen, wenn wir ihm nur das geben, was er auch benötigt – und das ist keine giftige Chemie!

Nahezu jede Krankheit, auch Krebs kommt von der Seele

Ich denke, ein ganz großer Anteil, warum wir die wirklichen Ursachen für die Existenz von Krebs (noch) nicht entdeckt haben, ist es das uns (noch) nicht bewusst ist, was unsere Seele uns mit dem Krebs für ein Thema zeigen möchte.

Ein jeder Mensch verfügt über das Potenzial der Selbstheilung.
Dabei ist eine Neuausrichtung unseres Bewusstseinszustandes zur Behandlung einer Erkrankung essenziell. Es spielt sich halt alles in unseren Gedanken, Emotionen und in unserem Bewusstsein ab.

Dazu eine sehr lesenswerte Notiz einer geheilten Krebspatientin, die mitten ins Herz geht.

"Die Krankheit hat mich gelehrt, was Leben wirklich bedeutet.

Ich habe durch sie herausgefunden, was wirklich zählt. Sie hat mich gezwungen, meine verdrängten Gefühle ans Licht zu holen.
Den Schmerz zu fühlen, der so lange Jahre in mir versteckt war.
Sie hat mich gelehrt zu trauern, meiner Angst zu begegnen und mir damit den Weg frei gemacht zu tiefster Freude, innerem Frieden, Dankbarkeit und Demut. Ich lebe und erlebe heute mein Leben mit einer Intensität und einer Bewusstheit, zu der ich niemals gekommen wäre, wenn mein Körper mich nicht irgendwann ausgebremst hätte." Das ist wunderbar beschrieben. Genauso kann es im allerbesten Fall sein. Es ist ungewohnt, eine Krebserkrankung so sehr als Chance zu sehen, aber es werden immer mehr Menschen, die es so erleben. Dankbarkeit und Demut ist wirklich niemals so tief erlebbar, wie in einer schweren Krankheit.

Die Zukunft der Medizin

Die Zukunft der Gesundheitsversorgung ist digital.

Digitale Video-Sprechstunden, wo Ärzte mit wenigen Klicks Vitalwerte abrufen und Rezepte ausstellen können - und digital auf den Weg bringen, werden sich immer mehr etablieren.

Minigeräte und Apps ermöglichen es, die Gesundheitssituation von Patienten nicht nur zu erfassen, ohne dass diese einen Fuß in eine Arztpraxis setzen müssen, sondern sie auch in Echtzeit zu überspielen und kontrollieren.

Daten sind Mittel zum Zweck

Big Data (große Mengen an Daten) ist eines der Zauberworte der Branche. Wir können sagen, welche Patienten in einer Woche, sechs Wochen oder in einem Jahr sterben. Wir können zu Behandlungsplänen sagen: Wie viel kostet der Patient? Mit solchen Ankündigungen wirbt das US-Unternehmen "Aspire Health" für die Nutzung von Big Data für das weltweite Gesundheitswesen. Eine schöne neue Welt, mag mancher da denken.

Angst vor Hackerangriffen nimmt zu

In einem zunehmend digitalisierten Gesundheitswesen bekommt dem entsprechend das Stichwort Datensicherung eine immer stärkere Bedeutung. Die Angst vor Hackerangriffen und Datenklau nimmt immer mehr zu, denn die Medizin-Industrie ist das neue Lieblingsziel der weltweiten Hacker.

Medizinerrmeinungen immer hinterfragen

Die Zahnärztin Dr. Karin Bender, die über die Machenschaften der Zahnheilkunde ausgepackt hat, sieht heute viele Dinge ganz anders, als zu der Zeit, während sie noch in ihrem Beruf tätig war.

"Das Problem ist, wenn man in seinem Job und dem System drin steckst, wird man immer nur mit den gleichen Informationen versorgt und konfrontiert. Man denkt, man informiert seine Patienten gut. Man denkt, es ist gut, was man tut. Aber sobald man aus diesem System rausgehst, denkst man sich: "Was hat man da eigentlich getan?" Viele Dinge sind wirklich nicht gesund. Aber wenn man im System drin steckt, sieht man das nicht."

Wir brauchen eine Revolution im Gesundheitswesen: Unabhängige Medikamenten-Tests, für die die Industrie weiterhin zahlen könnte. Alle Studiendaten müssen offengelegt werden - auch negative Ergebnisse. Ärzte müssen wieder beginnen, Nein zu sagen zum Geld und zu anderen Gefälligkeiten der Pharmaindustrie.

Der Arzt der Zukunft sollte eher ein Betreuer der Gesunden als ein Behandler der Kranken sein

Die Zukunft der Medizin liegt in der Seelenarbeit, sagt der Schweizer Chefarzt Prof. Dr. med. Gabriel Schär vom Kantonsspital Aarau. "Es reicht nicht nur Symptome zu behandeln. Die Medizin der Zukunft sollte mit ausgebildeten Therapeuten zusammen arbeiten, um die Patienten in ihrem Seelen-Selbstheilungsprozess optimal zu unterstützen."

Dr. med. Michael Spitzbart aus Nürnberg ist spezialisiert auf präventive und orthomolekulare Medizin und leitet die erste Praxis Deutschlands für Gesunde.

Bei seinen Behandlungskonzepten sucht er stets nach einer ursächlichen Therapie für die Probleme seiner Patienten. Speziell den immens zunehmenden Volkskrankheiten Burnout und Depression steht die Medizin hilflos gegenüber und behandelt häufig nur das Symptom und nicht die Ursache der Erkrankung. Hier verzeichnet Dr. Spitzbart große Erfolge mit seiner Methode der sanften und ursachenbezogenen Medizin.

Erfundene Krankheiten

Das Geschäftsgebaren der Pharmaindustrie hat sich in den letzten 30 Jahren komplett verändert. Heute geht es kaum noch um die Erforschung von Heilmitteln für bestimmte Krankheiten.

Für die Pharmaindustrie ist es lohnender für bestehende Mittel neue Erkrankungen zu erfinden, die ganze Bevölkerungsschichten betreffen. Heilung rückt in den Hintergrund, was zählt ist Profit.

Menschen werden durch Studien, Marketing-Kampagnen und Lobbyarbeit zu Kranken gemacht, zu willkommenen Medikamentenverbrauchern. Es werden Mediziner und Gesundheitsbehörden eingespannt, um vermeintliche Krankheitsbilder zu erschaffen, die behandelt werden müssen. Die bewusste Förderung von Krankheiten wird als „Condition Branding" bezeichnet.
Die Medizin ist heute ein gigantisches Marketinginstrument und die Wissenschaft steht längst im Dienst der Wirtschaft und nicht die des Patienten. Der Dokumentarfilm „Krankheiten nach Maß" beleuchtet die Entwicklung der Pharmaindustrie der letzten Jahrzehnte.

„Statt wirklich neue Medikamente gegen echte Krankheiten zu erfinden, Krankheiten die die ganze Menschheit treffen könnten, wie Diabetes, Krebs und so weiter, hat die Pharma-Industrie einen einfacheren Weg gefunden, um ihre Verkaufszahlen zu halten.

Sie erfindet Krankheiten die es gar nicht gibt. Und bietet Arzneien an die nicht helfen. Aber das ist unwichtig.

Schließlich sind die sogenannten Kranken ja auch nicht krank", sagt Prof. Philippe Even, Leiter des Neckar-Instituts. Eine der erfundenen Krankheiten nach Meinung von Professor Even sind die Wechseljahre des Mannes ab 50.

Pharmafirmen werden auch zukünftig versuchen, ihren Markt ausweiten. Aber selbst der Pharmakritiker weiß, dass das nur eine Seite des Problems ist. Die andere sind die Patienten.

Die Menschen, die manchmal lieber Patienten sein wollen - denn Diagnosen entlasten.

Lieber Medikamente als Selbstheilung

6,6 Milliarden Euro Umsatz machten Apotheken, Drogerien und der Onlinehandel mit rezeptfreien und freiverkäuflichen Medikamenten im Jahr 2017.

Noch immer denken viele Menschen/Patienten, dass ein Arzt und eine Pille sie von ihren Qualen befreit. Qualen, die oft vermeidbar sind und nicht immer effektiv behandelt werden mit einer Pille. Diese Art von Mentalität stammt in der Regel aus einem Wissens-Mangel über die enormen heilenden Fähigkeiten von Körper, Geist und Seele.

Wenn wir glauben, dass wir uns nicht besser fühlen werden, begrenzen wir die möglichen Heilungsmöglichkeiten um gesund zu werden. Wenn wir in einer Opfermentalität gefangen sind und von jemandem oder von etwas erwarten, uns „zu reparieren", dann werden wir nie die notwendigen Schritte unternehmen, um unsere Lebens- und Gesundheitsqualität zu verbessern.

Die ständige Identifizierung mit der Krankheit erschafft Scheuklappen auf dem Weg zur Selbstverantwortung und den positiven Aspekten der Selbstheilung, die im Körper eines jeden Menschen existieren.

Beispiel Antibiotika

Trotz vieler Aufklärungskampagnen erwarten immer noch viele Patienten, dass ihnen Ärzte Antibiotika verschreiben, wenn ihre Erkältungsbeschwerden länger anhalten.

Antibiotika sind lebensrettende Medikamente die wir dringend benötigen. Werden sie unkritisch eingenommen, verschärft sich das Risiko der "Resistenzbildung".

Dr. Heinz-Wilhelm Esser, Oberarzt und Facharzt für Innere Medizin aus Remscheid und bekannt aus dem TV als Doc Esser "Der Gesundheits-Check" geht auf Spurensuche in deutschen Haushalten. Er stellt fest: Häufig wird Geld für Tabletten und Pillen ausgegeben, die nichts bringen. Er trifft auf Menschen, die Opfer vermeintlich harmloser Medikamente geworden sind. Patienten mit Leberschäden und Magenblutungen. Doc Esser sagt:
" Erst schlaumachen - dann schlucken". Deshalb brauchen wir einen allgemeinen Bewusstseinswandel in der Bevölkerung.

Hinterfrage die Botschaften deines Körpers

Denn wenn ich in meinem Auto eine rote Warnleute aufblinken sehe, komme ich auch nicht auf die Idee, die Lampe auszubauen. Wäre es nicht wichtiger, den Fehlercode auszulesen und die Ursache zu ergründen? So zum Beispiel mit einem Heilungstagebuch..

Heilungstagebuch

Auf dem Weg zur Selbstheilung steht ein Check-Up an erster Stelle.
Wie geht es Dir wirklich?

Innerer Schweinehund

Der größte Feind für eine positive Entwicklung ist dabei der Alltag.
Wir haben unsere gewohnten Routinen und unsere Standardlösungen für all unsere Lebenssituationen. Auch wenn wir erkennen, dass
diese Lösungen oft nicht hilfreich sind, fallen wir nur zu gerne aus
Stress, Zeitmangel und Gewohnheit darin zurück. Um das zu verhindern, ist es wichtig, dass wir unseren Alltag ganz bewusst leben.
Nur wenn wir uns unseres Lebens bewusst sind, können wir auch
aktiv werden und etwas verändern. Um diese Bewusstheit zu erhalten, ist das Heilungstagebuch eines der wichtigsten Werkzeuge.

Ja, Krankheiten sind Teil unserer Lebensschule

Jede Krankheit und jedes körperliche Symptom hat eine bestimmte
Ursache, die für jeden von uns etwas ganz bestimmtes bedeutet.
Die Grundlage hierfür bilden naturgesetzliche Prinzipien, die auf
dem Gesetz von Ursache und Wirkung aufgebaut sind.
Und nur die ursächliche Bearbeitung von Krankheiten bringt auch
eine dauerhafte Heilung. Heilung findet im Geist, im Denken und
im Bewusstsein statt

Bitte beantworte diese Fragen, bei medizinisch nicht erklärbaren Beschwerden:

• Was hat dir heute Kraft gekostet?

• Was hat dir heute Kraft gegeben?

• Wofür bist Du dankbar?

• Wie fühlt sich momentan dein Leben an?

• Was denkst du über dich, deine Biographie, dein Körper?

• Was denkst Du über das Leben und über deine Mitmenschen? Von welchen Gedanken und Gefühlen sind sie begleitet?

• Bestehen emotionale Belastungssituationen oder unbewusste Konflikte, die ich nicht wahr haben will, die mich belasten oder denen ich nicht ausweichen kann?

• Habe ich seelische Verletzungen erlitten oder schwere Lebensereignisse durchgemacht, die ich noch nicht verarbeitet habe?

• Auf welche Weise habe ich schwierige Phasen meines Lebens überstanden?

Habe ich innerlich dicht gemacht, meine Gefühle nach innen verdrängt, mir vielleicht einen Schutzpanzer zugelegt gegen eine Umwelt, die ich oft als lieblos, feindlich und verletzend wahrgenommen habe?

• Komme ich mir gefühlsmäßig im Leben oft ungeschützt und schwach vor.

• Wünscht sich mein Kopf oft Harmonie im Leben mit anderen Menschen, obwohl es in mir oft „kocht"?

• Sitze ich schwierige Situationen gerne aus, d.h. hoffe ich manchmal oder oft, dass sich offensichtliche Konflikte oder Probleme von selbst erledigen, ohne dass ich tätig werden muss?

• Wozu dienen mir diese Beschwerden? Welche Bedürfnisse "stille" ich damit? Wovor schütze ich mich und was vermeide ich durch sie?

• Zu welchem Zeitpunkt ist die Krankheit oder der Schmerz aufgetreten? Was ist 6 Monate bis 3 Jahre vor diesem Zeitpunkt in meinem Leben passiert?

Beispiele: Scheidung, Ehepartner ging fremd, Beziehungsende, großer Streit mit Eltern, Hausbau, Arbeitslosigkeit, Mobbing, Todesfall in der Familie.

Wenn Du dich für die Selbstheilung öffnen möchtest, so frage dich zusätzlich immer die folgenden Kernfragen:

• Was sind deine größten Ängste?

• Wo kämpfst Du ums überleben?

• Für was machst Du dir selber Vorwürfe?

• Für was fühlst Du dich alles schuldig?

• Wo fühlst Du dich unwürdig?

• Für was schämst Du dich?

• Was sind deine größten persönlichen Enttäuschungen?

• Über welchen Verlust bist Du immer noch traurig?

In der Medizin gibt es einen genialen, weil sehr aufschlussreichen Ausdruck - "sekundärer KrankheitsGEWINN"

Er zielt darauf ab, herauszufinden, was für einen unbewussten Gewinn jemand durch eine Krankheit oder Verletzung hat.

Frage: Was könntest Du dir durch diese Krankheit oder Verletzung einmal erlauben...

- schwach oder gar faul sein

- eine Auszeit nehmen

- Hilfe annehmen

- Aufmerksamkeit bekommen

- fünfe gerade sein lassen

-weniger Verantwortung

-weniger Stress

Frage dich weiter:

• Was habe ich von dieser Erkrankung?

• Was muss ich deswegen nicht mehr tun, was mir vielleicht lange-schon zur Last wurde?

• Wo darf ich die Erkrankung oder Verletzung als willkommene Ausrede anwenden? (endlich mal nein sagen)

• Was kann ich endlich tun und wie habe ich bisher darüber ge-dacht?

Umkehrschluss:

• Wie könnte ich den "positiven" Nebeneffekt in mein Leben integ-rieren ohne weiter Kranksein zu müssen?

Allein sich diese Fragen zu stellen und nachwirken lassen, kann einiges an Erkenntnissen fördern und somit neue Wege eröffnen.

AUF ALLE FRAGEN KOMMEN ANTWORTEN

Wir Menschen sind wie eine große Bibliothek, in der alle Antworten bereits vorhanden sind. Die Fragen dienen uns als Bibliothekar, der den Ort der richtigen Antworten für deine jeweiligen Situationen kennt.

Konstruktive Fragen bringen konstruktive Antworten, die - wenn du dir die Frage ehrlich gestellt hast und in dich hinein gefragt hast - plötzlich aus dem Inneren auftauchen.

Schreiben – ein heilsames Mittel

Amy Morin verlor innerhalb von drei Jahren ihre Mutter und ihren 36-jährigen Ehemann, beide starben plötzlich und unerwartet. Wenig später erkrankte ihr geliebter Stiefvater an einem unheilbaren Krebs. In dieser Situation schrieb sie einen Brief an sich selbst...

Alles einmal Aufschreiben ist psychologisches, heilsames Auskotzen auf Papier

Schreibe dir selbst einen Brief. Dieser Brief braucht gar nicht lang zu werden. Glaub mir, allein durch das Schreiben dieses Briefes erlebst du eine positive Veränderung deines Selbst. Und da gibt es noch einen zusätzlichen Grund diesen Brief zu schreiben: Nach ein paar Monaten, wenn Du den Brief wieder mal zur Hand nimmst, wirst du erkennen, dass sich durch das Schreiben des Briefes dein Selbst bereits transformiert hat.

Tipp: App Arya Companion

Nutzer können in dieser neuen kostenlosen App ihre Gedanken und Gefühle in einem Tagebuch festhalten. Dabei helfen eine Emoticon-Skala und eine Liste mit Befindlichkeiten zu allen Körperregionen. Der Fokus der App liegt darauf, sich für das eigene emotionale Befinden und für wiederkehrende Symptome zu sensibilisieren. Ein Datenaustausch mit einem Therapeuten ist ebenfalls möglich.

Hauptsache gesund!

Wir sind in den letzten Jahrzehnten immer mehr dazu übergegangen, unseren Körper als eine Art Maschine zu sehen.

Wie bei einem Auto glauben wir, dass sich alle Bestandteile davon einfach austauschen lassen und der Rest unabhängig davon weiterfunktioniert.

"Krankheit ist weder Zufall noch Schicksal"

Doch jedes Symptom und jede Krankheit ist eine Botschaft unserer Seele an uns, vermittelt über unseren Körper. Ob Migräne, Schilddrüsenprobleme, Allergien, Lebensmittelunverträglichkeiten, Kurzatmigkeit, nächtliches Zähneknirschen, Tinnitus oder übersäuerter Magen, Myome, Gelenkkrankheiten, Krebs, MS oder andere Krankheiten.

Es geht im Leben darum zu wissen, wer man wirklich ist

Frage: Warum werden immer mehr Menschen mit Depressionen, Burnout, Krebs und anderem aus diesem "Hamsterrad" geschmissen? Damit sie so schnell wie möglich wieder hineinkommen? Nein!

Krankheit ist ein Zeichen, dass wir nicht mehr in der Balance sind. Als Einzelner und als Gemeinschaft. Dass wir die wirklich wichtigen Dinge aus den Augen verloren haben. Dass wir nicht mehr wissen, wer wir sind. Sie kann uns also dienen, wieder zu uns zu finden. Auch als Gesellschaft. Gerade die Krankheit kann ein großer Segen sein. Sie kann uns helfen, das Licht wieder auf das zu richten, was wirklich wichtig ist.

Dem Schmerz der Trennung in uns endlich wieder Raum zugeben, zu spüren, dass wir uns irgendwann selbst verloren haben. Sie kann uns helfen, das Beste aus allem zu machen, was gerade möglich ist - denn das Leben ist mehr als grösser, besser, schneller, höher. Bist Du gerade nicht gesund: Gönne dir das was gerade dran ist. Sei dir bewusst: es ist kein Zufall dass das mit dir passiert.

Es ist ein Geschenk deines Lebens, deines Körpers, deiner Seele, damit du erkennst, was dir fehlt. Und mach das Beste daraus, tue die Dinge, die gerade gehen, die dir Spaß machen, trifft Menschen die du magst, lache, weine, fühle was immer in dir hoch kommt. GENIESSE, denn du bist immer noch am Leben.

Leben ist mehr als Dasein

Was dem leidenschaftlichen Arzt Dietrich Grönemeyer sehr am Herzen liegt. Dietrich Grönemeyer: Ein Verfechter klassischer Heilkunst, ein unermüdlicher Gesundheitsaufklärer, ein Grenzgänger und ein gesuchter Ratgeber. Prof. Dr. Dietrich Grönemeyer, einer der bekanntesten Ärzte Deutschlands, war bis 2012 Inhaber des Lehrstuhls für Radiologie und Mikrotherapie an der Universität Witten/Herdecke.
Seine Bücher „Mensch bleiben", „ Lebe mit Herz und Seele",
„Der kleine Medicus" und „Grönemeyers neues Hausbuch der Gesundheit" wurden ebenso Bestseller wie sein letztes Buch
„Dein Herz".

Der Körper - unser Mietwagen

Dein Körper ist wie ein Fahrzeug das dich sicher durch dieses Leben begleitet. Er ist wie ein Mietwagen, der dir von Herzen gerne geliehen wird und mit dem wir manchmal umgehen, als könnten wir ihn jederzeit zurückgeben und umtauschen. Das können wir allerdings nicht.

Dieser Körper spricht jeden Tag mit dir und funktioniert, wie ein großes Armaturenbrett. Er signalisiert dir sofort, wenn etwas in der Unordnung, im Ungleichgewicht ist.

Stell dir vor, deine Körpersymptome sind Zeichen dafür, dass du Emotionen wegdrückst und nicht fließen lässt.

Als ob deine Zellen dort eine Emotion festhalten, die du auf keinen Fall fühlen willst. Wir fahren weiter und nehmen es nicht wahr.
So werden die Maßnahmen immer deutlicher und schließlich müssen wir innehalten und aufhorchen. Stell heute einmal deinen Körper in den Mittelpunkt deiner Aufmerksamkeit. Nimm dir drei Mal am Tag Zeit um mit deiner ganzen Aufmerksamkeit in deinen Körper zu gehen. Was kannst du gerade entdecken. Ist dort irgendwo Druck, Enge, Härte oder Schwere, eine Anspannung, Unruhe oder kannst du sonst etwas an Körper-Empfindungen entdecken.

Welche Emotion kannst du in diesem Körpersymptom entdecken?

Oder anders gefragt, wie fühlst Du dich, wenn Du dich ganz mit diesem Symptom verbindest. Schule heute einmal deine Wahrnehmung für deinen Körper. Wenn Du eine Emotion entdeckt hast, "atme" weiter und erlaube ihr da zu sein. Sei freundlich mit ihr und lass sie sich ausbreiten. Atme bewusst und lass sie fließen. Je mehr Du deinen Widerstand gegen die Emotion loslässt, umso leichter oder weicher wird sie sich anfühlen.

Lösungsansatz - Fühlen

Wenn Du deine Gefühle annimmst - läuft alles rund im System Körper. Es ist wie eine Ganzkörper-Hygiene, wenn wir alle Gefühle auch wirklich leben. Es stärkt deine Lebenskräfte und unterstützt dich in deiner aktiven Selbstheilung.

Atmen und Seele sind eins

"Ein großer Teil der menschlichen Krankheiten könnte durch richtige Atmung geheilt werden" sagte Voltaire.

Studie: Tiefes Atmen

Was wäre, wenn Du deinen Gesundheitszustand ändern könntest, indem Du deine Atmung veränderst?

Stress ist eine der giftigsten Substanzen für den menschlichen Körper. Es reduziert die Gesamtqualität des Lebens erheblich und beschleunigt Körperalterungsprozesse.

Statt teurer Techniken gilt es auf die Grundlagen des Lebens zu blicken, die aus dem Nichts genutzt werden können. Die lebenswichtige Aktivität, die der Mensch unbewusst tätigt, ist die Atmung. Atmung ist in mehrfacher Hinsicht etwas Besonderes. Atmen ist die Brücke zwischen Geist und Körper.

Es ist der Schlüssel zu Gesundheit und Lebensenergie

Jedoch wissen die meisten Menschen nicht, dass sie vom Atmen Gebrauch machen können. Das Wissen, wie man einfache Atemtechniken durchführen kann, kann Stress abbauen, den Blutdruck senken und vielen Systemen im Körper helfen, ganz ohne Medikamente. Das Atmen hat Direktanschlüsse zu emotionalen Körperempfindungen. Wir können unsere Atmung kontrollieren oder üben: Zwerchfellatmung und Bauchatmung sind als tiefe Atmungen bekannt und können kontrolliert werden.

Tiefe Atmung ist ein ausgezeichnetes Werkzeug, um die Entspannungsreaktion zu stimulieren, die zu weniger Spannung in unserem Körper und zum Gesamtsinn des Wohlbefindens führt.

Tiefe Atmung kann jedermann, überall und zu jeder Zeit durchführen

Tiefes Atmen fördert definitiv Gesundheit und wird als eine der effektivsten Anti-Aging-Methoden anerkannt.

Daher ist die Forschungshypothese dieser Studie folgende:

Tiefe Atmung kann vollkommene Entspannung herbeiführen und unsere Alpha, Theta und Delta Hirnwellen beeinflussen.
Während dieses Zustandes wird die Kommunikation zwischen dem Bewusstsein und dem physischen Körper drastisch verbessert.

In der Studie, von Dr. Ariya Sarikaphuti von der „Mae Fah Luang University" (Thailand) und Professor Dr. Vichit Punyahotra, wurde ein Elektroenzephalogramm (EEG) verwendet, um die Wirkung der tiefen Atmung auf die Gehirnwellen der Teilnehmer zu messen.

Allein durch den Wechsel Ihrer Atemmuster veränderten sie ihren körperlichen Zustand, wurden entspannter und stärker, sowie ihre Chancen auf "aha Momente" spürbarer Selbstheilung verbesserte sich.

Krankheit macht ehrlich!

Dieser Satz stammt vom Mediziner Rüdiger Dahlke. Durch das Erkennen, dass die Krankheit unser Freund ist - und nicht unser Feind, den es zu bekämpfen gilt - der uns helfen will, ist der wichtigste Schritt getan. Denn wenn man es erst mal verstanden hat, was Symptome/Krankheiten uns eigentlich sagen wollen und man bereit ist seine Seele zu heilen, ist so viel möglich.

Der kinesiologische Muskeltest

Das Hauptwerkzeug der Kinesiologie ist der sogenannte Muskeltest. Er funktioniert aufgrund einer ebenso einfachen wie faszinierenden Eigenschaft unseres Körpers.

Alle Informationen, Erfahrungen, Gefühle und Gedankenmuster, denen wir im Laufe unseres Lebens begegnen, speichern wir nicht nur in unserem Gehirn, sondern auch in unseren Muskeln ab.

Dadurch merkt sich unser sogenanntes muskuläres Gedächtnis, was unseren Körper stärkt und schwächt. Anders als das Verstandesgedächtnis ist der muskuläre dabei nicht in der Lage uns aus Angst zu belügen oder Erlebnisse zu verdrängen.

Wenn wir uns körperlich oder geistig einer Sache aussetzen, die uns schwächt oder mit der wir schlechte Erfahrungen gemacht haben, so schwächt dies auch unsere Muskeln.

Der Armtest

Stelle dich aufrecht hin und strecke einen deiner Arme im rechten Winkel. Ein Partner stellt dir nun einige Fragen und legt seine Hand auf deinen ausgestreckten Arm. Drückt er deinen Arm nach unten, bist Du an der Kernangst angekommen. Ist noch ein Teil deiner Kraft vorhanden, so könnt ihr durch weitere Fragen euch noch genauer herantasten.

Was kann man alles testen?

Mit dem Muskelreflexionstest kann Du alles austesten, was irgendwie Einfluss auf deinen Körper, deinen Geist oder deine Seele hat: Ängste, Blockaden, Krankheiten, Lebenssituationen, Tätigkeiten, Beruf, Lebensmittel und vieles mehr.

100 Jahre alt werden

Wie fühlt sich wirkliche Lebensfreude an? Getreu dem Motto: Mit 100 Jahren, da fängt das Leben doch erst an...

Du hast wahrscheinlich schon Tausend Mal gehört, dass Körper und Geist abbauen, wenn wir altern. Dass wir uns nicht mehr so bewegen können wie früher und sich unsere Gesundheit verschlechtert.

Gesundes Aussehen im Alter!

Das Gegenteil ist der Fall! Zumindest, wenn man ein paar Dinge beherzigt. Mit der Überzeugung, dass wir unsere Gene beeinflussen können, beschäftigt sich die neue Wissenschaft der Epigenetik, und ich forsche derzeit darüber. Es kann sein, dass wir herausfinden, dass wir viel mehr Einfluss auf die Zellbiologie des Alterns haben, als wir dachten.

Jeder von uns hat ein zeitliches Alter und ein biologisches Alter

Dein zeitliches Alter siehst Du anhand deines Geburtsdatums in der Geburtsurkunde. Dein biologisches Alter reflektiert, wie gut dein Körper funktioniert. Das biologische Alter hängt beispielsweise ab von Blutdruck und Körperfettanteil, Knochendichte und Cholesterinspiegel. Es muss also nicht mit deinem "tatsächlichen" Alter übereinstimmen.

Deine Gedanken, Einstellungen und Überzeugungen; wie Du die Zeit erlebst und wie viel Energie Du fühlst - das sind Faktoren, die die Biologie des Alterns bestimmen.

Ein 50-Jähriger, der sich gut um sich kümmert, kann die Biologie eines 35-Jährigen haben. Umgekehrt kann jemand, der sich mit 35 Jahren gehen lässt, auch die Biologie eines weitaus älteren Menschen haben.

Forever Young - den eigenen Alterungsprozess umkehren

Die eigenen Gedanken und Überzeugungen sind dabei ausschlaggebend für unseren Alterungsprozess. Jeder einzelne Mensch ist dabei letztlich nur ein gedanklicher Ausdruck seines eigenen Bewusstseins. Das gesamte Leben eines Menschen ist diesbezüglich ein Produkt seiner eigenen gedanklichen Vorstellungskraft.

In diesem Zusammenhang manifestiert sich das woran man glaubt und wovon man vollkommen überzeugt ist, immer als Wahrheit in der eigenen Realität.

Ein Hauptfaktor der dabei unseren eigenen Alterungsprozess aufrecht erhält, ist der eigene Glaube daran, dass man älter werden wird und diesen Prozess zelebriert man einmal jährlich, am eigenen Geburtstag. Man ist der felsenfesten Überzeugung, dass man älter wird und dieses Denken führt dann letztlich dazu, dass man selbst auch älter wird.

Um den eigenen Alterungsprozess beenden und umkehren zu können, ist es also von äußerster Wichtigkeit, dass man den Gedanken ans Altern vollständig aufgibt/loslässt. Man muss selbst davon überzeugt sein und zu 100 Prozent daran glauben, dass man nicht mehr älter werden wird. Hinzu kommt das man den eigenen Geburtstag nicht mehr mit dem älter werden in Verbindung bringen darf.

Normalerweise redet man sich selbst an jedem Geburtstag ein, dass man 1 Jahr älter geworden ist und dieser Gedanke ans älter werden manifestiert sich anschließend in der eigenen materiellen Grundlage. Der eigene Alterungsprozess wird aufgrund der Gedanken ans altern, aufrecht erhalten.

Fit & Gesund im Alter

Man selbst ist dafür verantwortlich, dass man altert und nur man selbst kann dafür sorgen, dass dieser Prozess beendet und umgekehrt wird. Es ist eine sehr tiefgreifende Konditionierung, eine Programmierung, die sehr viel Willenskraft erfordert um wieder transformiert werden zu können. Man wird wieder geistig frei und bindet sich nicht mehr indirekt an den eigenen Körper, sondern ist sich dessen bewusst, dass man selber über den eigenen Körper herrscht und diesen vollständig kontrolliert bzw. nach eigenen Wünschen frei gestalten kann.

Das eigene Bewusstsein besitzt kein Alter, es ist zeitlos

Letzen Endes entsteht der eigene Alterungsprozess aus unserem Bewusstsein heraus. Wir nutzen das eigene Bewusstsein als Werkzeug zur Erfahrung des Lebens. Wir bestehen aus Bewusstsein und entstehen aus Bewusstsein heraus. Der Alterungsprozess wird in diesem Zusammenhang durch unsere eigene Vorstellung an das älter werden, aufrechterhalten. Dennoch besitzt unser eigenes Bewusstsein kein Alter und dieses Wissen sollte man sich zu Nutze machen. Umso mehr man dabei zu seinem eigenen wahren Selbst, zu seiner eigenen Inneren Kraft wiederfindet, desto näher kommt man dabei der Beendigung des eigenen Alterungsprozess.

Geheimnis der Langlebigkeit

Tatsächlich können die späten Jahre die glücklichsten sein. Viele Studien haben gezeigt, dass Menschen glücklicher werden, je älter sie sind.

Dan Buettner ist ein Erforscher der Langlebigkeit und Autor vom Buch,, Lektionen für ein längeres Leben. Erkenntnisse über Menschen, die am längsten lebten"

In seinem Buch berichtet er über die Lebensweisen von vier verschiedenen Völkern.

Hier sind seine drei Haupterkenntnisse:

• Frieden & Ordnung im Geiste

Er untersuchte, dass innere Stille und der Frieden, die Ordnung des Geistes, kombiniert mit Atemtechniken und Meditationen das Geheimnis der unglaublichen Langlebigkeit waren.

Viele Wissenschaftler haben zahlreiche Vorteile einer regelmäßigen Meditation belegt: Meditation wirkt der altersbedingten Schrumpfung des Gehirns entgegen und hebt die allgemeine Lebensqualität. Beim Meditieren lernen wir, unsere innere Welt herunter zu bremsen auf das Tempo, in dem das wahre Leben verläuft.

• viele kleine Pausen während des Tages

Neben der Meditation, so fand Buettner heraus, wirkt eine regelmäßig eingeplante Auszeit in der Stille einem vorzeitigen Alterungsprozess entgegen. Mach bei aller Arbeit und Beschäftigung viele kleine Pausen und manch größere, in denen du das Ausatmen, Entspannen und Nach-Innen-Gehen übst.

• Gemeinschaft

Buettner belegte ebenfalls, dass die Gemeinschaft einen wichtigen Faktor für die Langlebigkeit darstellt. Sie haben viele enge Freunde, denen sie alles anvertrauen können. Ein Gefühl der Zugehörigkeit, gute Freunde und Familie unterstützen ein gesundes Leben.

Jede Beziehung, in der wir so sind, wie wir sind, ist eine "Oase" inmitten der Kämpfe, Verstellungen und Verrenkungen, die wir im Alltag sehr oft auf uns nehmen.

Alles ist eine Einheit: Körper – Geist – Herz

Jüngsten Statistiken zufolge liegt die Zahl der über 100-Jährigen in Japan bei rund 68.000 Menschen.

Eine 100jährige Frau aus einem Dorf in Japan, in dem eigentlich alle dort Lebenden über 100 Jahre alt werden und sich bester Gesundheit erfreuen, antwortet auf die Frage, wie dieses Kunststück gelingt: „Wir tun eigentlich jeden Tag immer dieselben drei Dinge – wir ernähren uns achtsam, machen täglich ausreichend Pausen für unseren Körper und Geist und…beruhigen unser Herz.

Schlusswort:

Es ist Zeit für ein Umdenken

Wir brauchen radikale Veränderungen. Um unsere Gesellschaft von ihrer Medikamentenabhängigkeit zu befreien. Wir alle können dazu beitragen, indem wir zurückhaltend mit Medikamenten umgehen. Wenn Du ein Medikament nicht unbedingt brauchst, dann nehme es nicht.

Wir brauchen selten Medikamente

Es kommt selten vor, dass ein Medikament ein Leben rettet oder unser Leben erheblich verbessert.

Die meisten Medikamente haben keinerlei positive Wirkungen. Im Gegenteil Medikamente sind die dritthäufigste Todesursache, nach Herz-Kreislauf Erkrankungen und Krebs. Eine systematische Analyse belegte, dass ältere Menschen ihre Medikamente gegen Bluthochdruck und ihre Psychopharmaka meist problemlos absetzen können. Die Pharmaindustrie steigert ihre Profite, indem sie Medikamente an Gesunde verkauft, die sie nicht brauchen.

Heilen können wir uns nur selbst

In diesem Sinne werde wieder gesund - aktiviere deine Selbstheilungskräfte und lass das "Wunder" der Heilung geschehen.

Treffe eine Entscheidung!
Es ist Dein Körper und Dein Leben.

MIX

Papier | Fördert
gute Waldnutzung

FSC® C083411

Zeitfracht Medien GmbH
Ferdinand-Jühlke-Straße 7
99095 Erfurt, Deutschland
produktsicherheit@kolibri360.de